平成史

［日］保阪正康 ———— 著

黄立俊 —— 译

奚伶 —— 审校

东方出版中心

中文版序言

日本社会正逐渐习惯用公历来表示年份，但依然有很多年长者和一些仍不习惯公历的人还在用年号。我自己是公历和年号两者皆用。按照右翼的说法，使用年号是遵循日本的传统和历史的做法，但我却不这么认为。公历以百年为一个单位，而年号到底是以多长时间为一个单位其实无法规定，因为某位天皇从即位到逝世的时间，就是该年号的单位。

在近现代日本，明治、大正、昭和、平成，然后是现在的令和，共有五位天皇，他们的在位时间分别为：

明治天皇——明治元年（1868 年）至明治 45 年（1912 年）7 月（从 15 岁至 59 岁）；

大正天皇——大正元年（1912 年）7 月至大正 15

年（1926 年）12 月（从 33 岁至 47 岁）；

昭和天皇——昭和元年（1926 年）12 月至昭和 64 年（1989 年）1 月（从 25 岁至 88 岁）；

平成天皇（现太上皇）——平成元年（1989 年）1 月至平成 31 年（2019 年）4 月（从 55 岁至 86 岁）；

令和天皇（现天皇）——令和元年（2019 年）5 月至今。

可知，19 世纪中叶打开国门的日本在此后的 150 年间，共拥有 5 位天皇。虽然都有年号，但其中既有延续 60 年以上的，也有仅仅维持了不足 15 年的。大正天皇的时代正是后者，而且随着大正天皇后期身体欠安，从大正 10 年 11 月开始直至其驾崩的大正 15 年 12 月为止，年仅 20 岁的皇太子（即之后的昭和天皇）以摄政宫的身份代为操持了 5 年时间的天皇政务。

所以严格说来，如果算上摄政时期，昭和天皇实行天皇职责的时间有近 70 年。明治维新到现在才过去 152 年，而其中半数时间都处于昭和天皇时代，所以每当提起"年号"，昭和天皇的印象无论如何都会变得极为深。

在以上的认知背景之下进一步探讨近当代的天皇制度，用一句话概括，那就是同样处于天皇这一立场，不同天皇所创造的时代之间，都会有各自的不同之处。这些不同，源自每个时代对天皇的角色有不同的期待，天皇如何接受了其时代的要求并扮演了自己的角色。比如在昭和时代，大致可以分为三个阶段，昭和元年到昭和20年是战争时代，在此期间，发生了九一八事变（1931年）、侵华战争（1937年）、太平洋战争（1941年），所谓战争时代，即意味着在这段时间，天皇被军部所利用，被推到了战争的中心轴位置上。

昭和天皇被神格化，成了以神的姿态君临天下的存在。战争于是在这样的背景下被推动。但如果将天皇视为一个人来看的话，他对于战争也并非是逆来顺受积极推进的态度，时不时会透露出对战争政策的不满。

当然，这也不等于说天皇没有责任。天皇自己也清楚，战争会在战时乃至战后，给国民带去困难和沉重的负担。明治天皇在甲午战争的时候曾说："这并非是朕的战争，而是政府的战争。"在日俄战争时甚至曾经为战争而落泪。这些史实给予以后的昭和天皇非常大的影响。每当要思考天皇和战争的关系，尤其是讨论到昭和这个年号时，我们都会了解到这里面包含着十分复杂的问题。

可以说，昭和天皇是身处在君主立宪制这个框架之中来面对他的时代的。也就是所谓的"君临，但不统治"，天皇将军政大权都赋予臣下，对于臣下做出的任何决定都没有异议，但同时也对决定本身不担负责任。据说，这是昭和天皇在20岁左右出访英国等欧洲各国期间，询问英王乔治五世为君之道时所得到的回答。这句话的意思是，君主只需要思虑如何君临这件事足矣。

但结果却是，这样的为君之道导致昭和天皇被军部和官僚系统所利用，而这也是近现代日本一个非常需要反省的点。

平成天皇，可以说是做到了严守宪法所规定的"象征天皇"，在没有明确范式的情况之下，确立了民主主义时代的天皇形象。对于战争的彻底反省，和国民共渡难关的姿态，同各国建立友好的关系，平成天皇将这些作用一个个付诸实现。可以说，平成这个年号给人带来的诸多正面印象，显示了天皇本人的努力和他与日本国民联结至深的关系。

再补充一点，我在写作这本书时，脑子里想着"平成"这个时代是如何成了探索和平的天皇的时代，天皇本人又是如何一马当先为治愈国民的战争伤痛而努力的。在这些创作动机之下，才最后形成了本书。本书是为了正确记录近现代日本历史中存在过的这么一位天皇而开始动笔写作的，我想在这篇序文中明确这一点。

保阪正康

目

录

序　章

天皇的生前退位
与「灾害史观」

天皇"国民统合"的呼吁　002

舍身之战　004

作为"和平力量"的天皇　007

"55年体制终结"的产物　009

昭和的政治账　013

小选举区制度的缺陷　017

大正与昭和间的因果关系　021

平成的灾害史观　025

001

第一章

世界史之中的
「平成元年」

年号就是"标点"　030

昭和天皇之死与冷战终结　032

苏联解体后的莫斯科见闻　033

为"昭和"殉葬的人　035

昭和与平成，不同的关键词　037

天皇展示的自身的作用　039

029

第二章

天皇构筑起的和
国民间的沟通机制

043

天皇处境之严苛 044

向国民提出的问题 049

同昭和天皇之间的传承 050

"军人易跋扈而不考虑大局" 052

去往海外的"追悼与慰灵之旅" 055

来自平成的嘱托 058

为了继承所做的准备 059

同原残留日本兵家族的会见 062

身为象征天皇的义务 064

同韩国的缘分 066

直面历史的姿态 067

第三章

政治为何
发生了劣化？

071

导入小选举区制的产物 072

揭示政治劣化的预兆 075

"村山谈话"的历史意义 077

历史修正主义的跋扈 079

"自虐史观"这个词 082

小泉纯一郎的话术与设想 084

二元论般的政治领导人 087

平成的政治家以何为根基 089

第四章

「1995 年」
这个转捩点

095

昭和的清算　096

变了味的青年的反抗姿态　099

奥姆真理教事件到底是怎么回事？　101

王国内部的暴力装置　106

平成最大的教训　110

机械文明进入极致的入口　113

亲身学习到战后民主主义的领导人们　114

平成的生死观　116

续命医疗的本质　118

无人送终情况下的死　121

给时代画出辅助线的西部迈的自裁　123

"员工们没有错"　127

泡沫经济期的意识　129

经济大国这个空喊的口号　132

第五章

从案件观察
时代风貌

137

"闭门不出"这种时代病　138

犯罪的目的变了　142

神户连续杀伤儿童事件　143

光市母子杀害事件　145

"我想杀个人看看"　148

"战后"为何死了？　150

第六章

开始萌芽的
历史观的歪曲

民主党政权到底是什么？ 156

没被吸取的太平洋战争的教训 158

"民主之后，法西斯紧跟" 161

民族主义的存在形式 162

严峻时代的萌芽 165

日本右倾化了吗？ 168

155

终　章

从平成的谢幕
到下一个时代

天皇讲话中加入的灵活性表述 174

确立新天皇制的时机 177

同先皇之间的关系所塑造的新天皇形象 179

如何防止"天皇的双重结构" 182

大正末期产生的奇怪状态 184

从关东大地震扩散开的虚无感 187

贞明皇后的灾区巡视 189

国民注视天皇的目光 191

173

后
记

195

大
事
记

203

序章——

天皇的生前退位

与「灾害史观」

❖　天皇"国民统合"的呼吁

　　五十年甚至百年之后的人们回顾平成时代，会用什么样的观点来概括总结呢？虽然我们现在只能推测，但我想以下两点是后世之人会论及的吧。

　　第一，平成天皇和皇后，始终体认着昭和的战争观。当然，每个人的战争观不尽相同，但昭和天皇和平成天皇都对战争抱持高度的不信任感，这是显而易见的。第二，平成史完美呈现了昭和时代的矛盾之处，而这些矛盾又不断滋生出新的风波，让人对未来很难作出令人愉悦的预想。说得更通俗一些，以昭和为因，以平成为果，这一对因果关系在现实之中仍在发生作用并产生出了许多不同的现象。而平成史，可以说就是围绕上述两点运转着。

首先，我想针对这两点作进一步的阐述。

平成天皇在平成28年（2016年）8月8日发表电视讲话，希望日本国民能够认同自己的"生前退位"的决定。这短短不足2000字的声明中，实际隐藏着重要的观察视角。我认为，这段电视讲话的内容，是天皇第一次对日本国民作出"国民统合"的正式呼吁。具体来说，我想指出以下三点：

一、电视讲话的开头，使用了"作为个人"的表述方法；

二、电视讲话之中，明确否定了摄政与政务代行体系的可能性；

三、电视讲话最后，直接面向国民，呼吁国民理解自己的心情。

这三点放在昭和时代，任何一点都是难以想象的。第一点意味着不是以所谓"公人"或者天皇的立场，从中甚至可以读出天皇的怒气。由于天皇的言行被视为可能波及政治领域，因此内阁会对天皇的发言提出建议，内阁认可后天皇才能对外发言。但第一点并没有受此惯例的限制，这等于对外宣告，这个发言只是基于天皇的个人判断与斟酌而公布的。

第二点则明显是在吁求国民，回想一下当年大正天皇和昭和天皇二人的状态。当时，平成天皇的祖父大正天皇因病卧床不起，而身为皇太子的昭和天皇必须替代大正天皇进行所有的公开活动。从平成天皇的角度来看，祖父和父亲两任天皇在晚年身体状况已经不允许力行天皇公务的情况下，仍必须维持天皇的身份，这实在有些强人所难。在电视讲话中，他清楚地表明并承认了这一认知。我们必须首先理解到这一点。

而这一点，也正是区分"昭和"与"平成"天皇之间的不同之处。

❖ 舍身之战

在天皇的声明中，有这么一段内容：

随着天皇日渐年迈，采用尽可能减缩国事活动以及作为"象征天皇"所需参与的活动，这样的应对方式或许有些困难。此外，因天皇未成年或病重等无法发挥应有作用时，设置代替天皇进行活动的摄政也是一种方法。然而，即便如此，也无法改变天皇在无法充分履行其身为天皇的任务的情况下，仍必须保持天皇身份直到生命终结的情况。

这段话以当年大正天皇因病专心修养，让时年 20 岁的皇太子（之后的昭和天皇）代为摄政的史实作为铺垫，但同时也蕴藏着对昭和天皇被认为是变相"夺"了大正天皇皇位的隐忧。

一种关于皇室内部的传闻称，在设置了摄政之后，大正天皇等于被完全从每日的政务之中排除了出去，后来侍从要将天皇的御玺拿到摄政的公务室时，大正天皇甚至一度紧抱着御玺不肯放手。

现在的天皇，用这样的方式来向国民诉说摄政制度非人性化的一面，也表明自己无法接受类似事情再度发生的态度。

昭和天皇甚至被外界认为，始终对变相从父亲大正天皇手中"夺"过了皇位一事耿耿于怀。与其这样的话，还不如主动提前退位，以享天年，这样"生前退位"的形式，远比之前的形式要合理得多。这就是前述之二，其意义十分重大。

然后是电视讲话内容的第三点，其实只要稍微了解一些实情就会知道，天皇在讲话最后直接向国民说出"我深切希望得到国民的理解"这句话的讲究之处。按照正常情况，电视讲话完全可以在这一句话之前就全部结束，然而，天皇还是选择直接向国民诉求，希望国民理解自己的立场。

正如前述，天皇的任何政治性言行，都必须得到内阁的认可，这一番电视讲话，可以视为带有"政治性"，但天皇在明知有"政治性"的前提之下，还是在讲话中提到诸如"我个人"、"深切希望得到国民的理解"之类的话，我不得不认为，这是天皇在表明自己同内阁之间有着心理上的距离。天皇的这番讲话，应被视为不掺杂任何政治企图的单纯历史事件。

即便如此，平成天皇在电视讲话中提出如此诉求，也是具有"革命性"的事件，我认为甚至可以匹敌昭和天皇的"8

月 15 日的玉音放送"。所谓玉音放送，是昭和天皇预感到以天皇作为大元帅的陆海军体系已完全失能，如果不做出行动的话，冲绳战之后会迎来日本本土决战，甚至有国家灭亡的可能，最终挺身而出的救亡图存之举。而平成天皇的此番电视讲话，也可以视作天皇直接向国民诉求的舍身之战。

昭和的"玉音放送"与平成的电视讲话有一个共同点——都是天皇本人的"泣血之诉"，我们要看国民最终是如何回应这份诉求的。如果要用"天皇"这把尺来测量昭和时代与平成时代，我们既要看到他们都有面向国民"泣血之诉"这个表面现象，同时也要观察两份诉求之间的内容差异。

❖ 作为"和平力量"的天皇

对于天皇来说最重要的使命是守护皇统，让皇位延续下去，是天皇存在的最大"目的"。纵观近代日本，明治、大正、昭和、平成，几代天皇无一不是为了这一目的而存在着的。有"目的"，就会有为了达到"目的"而采用的"手段"。

手段之中，包括了外交、经济、文化、传统，以及和国民之间的沟通等多种多样的方式，其中，也可以加上战争。

在昭和前期，由于军方的指挥者们掌握着主导权，与其说天皇是"选择"了战争这一手段，不如说是受到了胁迫。即便天皇本人是犹豫的，但军方的指挥者们一直强推战争手段（事实上他们也只有这一种手段），接着战争就爆发了。如果把历时三年零八个月的太平洋战争的所有细节摊开来看，可以看出昭和天皇开战没多久就意识到，如果贯彻战争手段的话，即便战胜也要付出巨大牺牲，会招致国民的埋怨，而一旦战败的话，甚至有可能会被战胜国要求终结日本的皇室体系（20世纪也正是全世界君主制的退潮期）。在天皇的心中，如果后悔自己最终选择了不该选择的战争手段，也是毫不让人意外的。

如果要推测昭和中期（占领期）、昭和后期（恢复独立后）昭和天皇的内心想法，结合各种史料，我们可以窥见，昭和天皇对于选择了战争"手段"感到悔恨，也立下了今后绝不选择战争的誓言。而平成天皇也忠实地继承了这份誓言，并且在自己的天皇任内，和皇后一起去往日本国内外的战争发生地，反复进行着追悼与慰灵之旅。我们也可以把这视作昭和天皇和平成天皇之间的一种传承与协作吧。

特别是平成天皇与皇后，每次有相关的言行，都会被视为又一次在强调自己这份信念的坚定且不动摇。而我们，也应该为这两任天皇从昭和后期至今完全化身为代表和平的力量，而感到强烈的安心和信任吧。我强烈感受到，这份安心和信任也同时在考验着我们日本国民最终会形成一种怎样的国民意识。

❖　"55 年体制终结"的产物

在讨论昭和、平成的时候，我认为，平成时代政治家的资质的劣化是显而易见的。甚至可以说，与昭和时代政治家相较，平成时代政治家的水准一落千丈。

我在给其他报刊撰写的文章里曾提及，在平成 27 年（2015 年）3 月的日本国会参议院预算委员会会议上，自民党的某位女性议员，以"日本建国以来呵护至今的价值观"之辞，盛赞所谓"八纮一宇"。不用深究便知，这位女性议员没有充分理解这个词语的意思，甚至连这个词语曾经是太平洋战争时期日本侵略其他亚洲国家时使用的辞藻也不知道。这种不以为耻、反以为荣的态度想必也让很多人感到错愕。

然而当我翻看议事记录的时候，就更为震惊了。当时针对该词接受质询的内阁财务大臣麻生太郎不但没有对该词进行明确的否定，还扯到宫崎县的某地有一个八纮一宇的塔之类的事情，简直可以说是不知所云。质询的人和回答的人水准低至如此，也难怪会有人质疑："这真的是国会质询？"

谈到政治劣化，如果看一下安倍晋三首相的发言与答辩，就更为明显了。说出"我是立法府的最高首长"（正确的应该是行政府的最高首长）之类的话、把"云云"念成"传传"（译注：日语"传"字写作"伝"）等等，整个状态如同插科打诨开玩笑一般。我们这位首相，好像并不擅长与人讨论问题，时间一长要么不耐烦，要么自我陶醉，最后是怎么舒服怎么回答，甚至可以说是把国会内的讨论几乎搞到休克的状态。而这些劣化的最根本原因，要归结到首相的态度上。

至少如今的日本国会无法跟昭和的国会相提并论。不论执政党或是在野党，议员们都以各自的思想与信念为武器互相切磋讨论的光景，现在已经完全看不到了。平成的国会为何会变得如此？答案其实很简单：被称为"小选举区比例代表并立制"的选举制度正是元凶。更进一步说，平成5年（1993年）诞生的非自民党的八个党派联合政权，打破了自昭和30年开启的"55年体制"，是这一切的起因。

昭和时代的政治，即便有日本共产党和公明党的存在，但基本上还是以自民党与社会党之间的对立结构持续了数十年，这就是所谓的"55年体制"❶。然而，在平成5年的众议院选举中，自民党的议席没有超过半数，如何组成联合政权的问题成为当时政治局势的核心议题，最终，新生党、日本新党、先驱新党、社会党和公明党等八个党派集结，形成并诞生了以细川护熙首相为中心的"非自民政权"。至此，从昭和30年起延续了38年的自民党政权正式倒台，同时，"55年体制"也寿终正寝。

---

❶ 55年体制：以1955年成立的自由民主党和日本社会党两个最大政党，在日本政治中发挥主导作用的体制。

55 年体制的崩溃，形成了平成时代的政治版图。补充一点，在细川政权时期，政治改革关联的四项法案（包括小选举区制和比例代表制以及政治资金归正法部分修订等）因为社会党内部部分势力的反对遭遇挫折，最终在自民党和细川护熙首相的沟通之下政治改革法案得以通过，已经是平成 6 年（1994 年）1 月 29 日的事情了。

在这之后，由于非自民政权本身只是多个不同党派集结的结果，因此时不时会发生政权内部对立抗争的情况。细川护熙因为所谓"佐川急便问题"❶选择辞去首相之后，组成非自民政权的八个党派又推选出羽田孜出任首相。但是，由于羽田孜政权试图排除社会党和先驱新党对于政权运作的影响，从而导致社会党脱离了联合政权，最终羽田政权也因为阻力过大而不得不内阁总辞。

之后，在平成 6 年 6 月，社会党的村山富市委员长被推举出来，和自民党以及先驱新党一同成立了联合政权，由"自社先"三党联合的村山内阁诞生了。虽然当时自民

---

❶　佐川急便问题：1994 年 3 月细川护熙被曝出有接受大型物流公司佐川急便的政治献金的嫌疑，在舆论压力和在野党自民党的连番施压之下，细川护熙于 4 月辞职。

党内部的保守派对于联合政权抵死不从，但河野洋平、后藤田正晴、野中广务等自民党高层，再加之先驱新党的武村正义等人的协助，形成了村山内阁最主要的支持势力。日本政治，更准确地说应该是平成时代的政治，在平成5年、6年的这段时间里发生了重大的变革。也就是说，经过了这两年时间，昭和政治史的根本形态发生了改变。

❖ 昭和的政治账

再次俯瞰平成5年到6年的政治状况，我们会发出怎么样的感慨呢？或者从历史的角度，应该给出什么样的评断呢？

我认为，正是那时昭和政治的终结（55年体制的完结、中选举区制度的全面废止、小选举区制度的引入等），才让延续到平成时代的政治矛盾以及问题能够显现出来。

在这里还是分条列出，明确一下我的论点：

一、平成6年的"自社先"联合政权被证明是一种虚构政治；

二、废止中选举区的论据薄弱、实施小选举区制存在难点；

三、日本人对于政治意识的错误感觉；

四、政治领导者的水准低下以及解散派阀失败的教训；

五、候选人政治理念的淡薄，无视昭和的时代教训。

就目前来说，我们可以说平成的政治有着上述特征。如果不把这五点分开来讨论，而是用更全局的方法来看的话，我觉得可以指出以下这些问题。而这些问题的根源竟然还很根深蒂固。

平成6年的自民党、社会党、先驱新党的联合政权诞生之初，我也是持欢迎态度的一分子。因为我认为1991年苏联解体之后，现实生活中东西冷战的日本国内版，即55年体制也就没有再存续的必要了。总之只要对55年体制的怨念可以得到消解，在日本国内出现所谓联合政权是受到当时各界欢迎的。当时，由于自民、社会、先驱三党联合，原先非自民的八党联合变成了六党联合，新生党领导人小泽一郎从自民党内部挖出了海部俊树，意图推举海部作为六党联合的首相候选人，然而最终得票数还是不敌"自社先"的三党联合。

那段时间的政治局势，可以说是人性淡然、口蜜腹剑，甚至权谋横溢，55年体制的崩溃，伴随着混乱不堪的官场现形记一起展现在世人面前。也可以想见，昭和的政治呆账日后必将给平成的政治投下不小的阴影。

因此，我渐渐意识到，这联合起来的三个政党（也就是55年体制下的执政党和在野党），是不是也同时把平成的政治给搞坏了呢？冷静思考一下，此前的38年时间里，日本的政治是在高举自由主义的自民党和以实现社会民主主义为目标的社会党两党之间运行着的，这两个政党在政治舞台上打造了一个相互对立的结构，在此结构之下，出现了强行表决、"牛步战术"等针对国会权力斗争所采取的策略。两个政党的对立，在政界，既是思想的对立，同时也是利害冲突的对立。然而现在这些都被推翻，两党竟然成立了联合政权，这难道不奇怪吗？

也就是说，自民党和社会党表面持续了38年的相互对立，实际在私底下却进行着互相谈判、沟通，有时还进行着协商，相安无事。政治实际上只是以永田町❶为舞台，用

---

❶ 永田町：东京千代田区的一处地名，因集聚了国会议事堂、首相官邸以及多个政党的总部，成为日本政治中心的代名词。

以谈判的对象而已。当然，这样的"野合"事关政党的生死存亡，是绝无可能登上台面的，但可以说，这些不能曝光在国民视野中的景象早就存在于舞台背后，推动着日本的政治进程。事实上，平成6年自民党、社会党的联合政权的诞生，让这样的浮想联翩得到了一定程度上的印证。

当然，反对自民党的非自民八党派联合中，也反复出现过类似的"野合"，说到底都是为了抢班夺权，本质上没有区别，但"自社先"的三党联合政权尤其罪孽深重。成为执政党的社会党，改变了坚持38年的诸多政策，比如转而承认了《日美安保条约》，而这些改变，让支持者们产生了"这38年来的坚持到底是为了什么？"的疑问。

我自己虽然也反对社会党原先的这些僵化政策，从某个时期起就已经不再是社会党的支持者了，但从大局来看，社会党选择与自民党成立联合政权，让社会党丢失了自己的核心支持者，我相信自民党的支持者们也会有类似"为什么要和社会党组联合政权"的疑问。这种政治野合剧，可以说是平成时代的昏招了。

平成史

❖ 小选举区制度的缺陷

与此同时，作为政治改革的一环，选举制度改革也得到了推动，这便是小选区制度的引入。在原来的中选区制度中，发生在同一个政党的候选人之间的选战，变成了在政策各异的不同政党之间只选出一个候选人，这种小选举区制被认为更加符合政治力学，因此被引入并采用。毫无疑问，引进小选举区制度后，可能发生一些少数政党甚至连一个议席都得不到的情况，因此，公明党、日本共产党、民社党等政党强烈主张，必须同时引入比例代表制度，用以抵消这些政党因为小选区制度的引入而减少议席数量的影响。上述这些政治改革相关的法案的修订，横跨了海部俊树内阁、宫泽喜一内阁，一直到非自民党的细川护熙内阁。

在此期间，发生了各种各样的谈判交易，细川护熙内阁期间定案的最终版本，采用了选举区比例代表并立，选出总共 500 个众议院议席（其中，小选区选出 300 席，比例代表选区选出 200 席）的方案，同时也确定了其他的一些与选举相关的制度细节。然而，这些政治改革相关法案处于审议期间的平成 6 年前后，日本社会发生了一些奇怪的动荡。

这次选举改革被视作有助于推动日本政治向前发展的进步，只要反对改革，就会被批是落后于时代，还会被扣上守旧派的帽子。而新生党的领导人，在细川护熙内阁担任重要角色的小泽一郎，更是直接担任此法案的幕后推手，只要坚持原先的中选举区制度，就会受到对待落后于时代的反动分子一般的待遇。支持改革在当时的日本社会似乎都可以称为一种时髦了。

我写过后藤田正晴（时任副首相）的评传，与他有过几次深度交谈，后藤田自然也是法案的推手之一。如果让我简单整理一下他对法案的意见，他的基本观点是：战后已过 50 年，日本人的政治意识也比过去高明了不少，即使完全效仿英国型的议会政治也未尝不可。在成熟的政治状况之下，告别过去要依靠候选人个人的资金的选举制度，通过小选区制度也能充分反映民意。日本的议会政治应该往前迈一步。

随着民智的提升，政治意识的水准也获得提升，采用小选举区比例代表并立的制度可以远离金钱政治，选举整体也会更"干净"，日本毫无疑问已经进入到这个发展阶段。这是当时倾向于小选举区制度的日本政治家们共同的理念。每当我听到以后藤田为代表的赞成法案的政治大佬们的类似说法时，总是有一种他们对日本社会以及日本人的观察是不是有点过于乐观了的感受。记得在我上小学的时候，因为听说之前只学过一点点的罗马拼音说不定要变成官方用语的传言而感到惴惴不安，这次的选举制度改革，就给我一种类似的表面甚为浮躁的感觉。

当时的知识分子有一种把这个法案视为真正政治改革的风潮，但我当时是心存疑问的。然而从结果来看，平成时代的每次选举，不论众议院还是参议院，每选一次就再证明一次，此前被批评为守旧派的那些人对于该法案的指摘是正确的。

小选举区比例代表并立制度，无疑有以下这些缺陷：

一、在比例代表制度的当选人中，出现了"凑人头"的现象；

二、在小选举区制度下，不同候选人之间比拼的更多是"扫街"式的竞选，而不再是高层次的政治理论上的对立；

三、在小选举区败选的候选人转而通过比例代表"复活"，其当选资格本身存疑；

四、在候选人中，有挑选不同选举区的情况出现，选举本身与所在地区之间的联结被弱化；

五、政党高层对于候选人的决定权变强，权力结构变得不利于人才选拔；

六、小政党实质上逐渐失去舞台，难以推选出国会议员；

七、只会一味附和的"鼓掌议员"的素质极速劣化，一些对政策一无所知且政治态度桀骜不驯的议员因为一时的热度当选，其功能几乎只剩下代表执政党参选集票一项。

上述七点清清楚楚地指出，平成6年以后的政治状态孕育出了相较于国民对于政治的期待程度落差非常大的政治家。日本的政治往哪儿去？应该说，平成时代之后的不满，都凝聚在了平成5年到6年这段时间对于昭和政治的背离过程之中了。

❖ 大正与昭和间的因果关系

说到平成这一时代最具有特征性的词汇，我想提出"灾害史观"一词。所谓"灾害史观"，即结合了由灾害所引发的社会现象以及人心的变化与推移的历史观点。平成时代有两场重大的自然灾害，平成7年（1995年）1月17日发生的阪神淡路大地震和发生于平成23年（2011年）3月11日的东日本大地震，我认为我们有很多需要借由这两场灾害来重新确认的东西。

这两场地震，让日本人不得不再一次直面"灾害"这一恐怖的代名词。借由这一史观，我们可以找到解明平成时代的抓手，也可以观察到平成时代人心的变动。

究竟何出此言呢？其实只要回想一下大正12年（1923年）9月1日的关东大地震就会马上明白了。关东大地震的震中在神奈川、东京，受灾范围从茨城县一直延伸到静冈县，震级为里氏7.9级，横滨和东京尤其遭受到了重创。关东大地震给之后的日本历史（包括大正到昭和初期）带来了非常大的震撼，此前我们所学的历史中，对于关东大地震的理解仅限于找寻地震本身所带来的伤害，并没有对从大正末期到昭和初期的动向之间的关联性进行深度论证。

也就是说，我们并没有以关东大地震作为起因，对其结果，也就是由关东大地震所引发的一些历史事实进行过深度论证。而这会不会导致误读呢？这中间正是遗漏了大正和昭和之间的因果关系。但我们又可以清楚地看到，始于大正末期的那些徘徊于东京银座这些地方的新时代男女们的时尚文化、以风俗咖啡店❶为代表的怪奇文化风潮❷，以及进入昭和时代后，导致军部发动单方面侵略行为的整个过程，不都是多多少少受到了关东大地震所带来的后遗症的影响吗？我认为，我们应该拥有这样的观察历史的视角，我把此类观察视角命名为"灾害史观"。

针对关东大地震的"灾害史观"，我想指出以下三点：

---

❶ 风俗咖啡店：关东大地震后出现的以女性服务员为卖点的咖啡厅，除了餐食之外，服务员还提供类似于陪酒女郎的服务，收入以客人的小费为主，后被相关法规认定为"风俗业"。
❷ 怪奇文化风潮：原文为 ero-gro-nonsense，是由 erotic、grotesque、nonsense 拼成的日式英语单词，特指昭和初期的社会文化风潮。

一、对有形之物遭到破坏产生的绝望感；

二、从对朝鲜人、中国人进行屠杀所体现的非人道性；

三、直面死亡所产生的虚无感。

以上三点便是所谓"灾害史观"的框架。第一点在正宗白鸟、田山花袋、佐藤春夫等作家在地震发生之后所写的文章中多有表现。比如，正宗白鸟发表在大正 12 年第 10 期《妇人公论》的文章《文明的力量的薄弱》中写道："仅因为大地震动的这几分钟，文化设备被破坏殆尽，火车停驶，电话也不通，电灯也不亮，一想到这些，便深觉人类几千年所累积的文明的力量是如此薄弱。"有形之物总有被破坏之日，根本没有什么永久不变的东西，此乃作家的真实感受。

这种绝望感，在大正末期到昭和初期这段时间是如何显现的呢？或许可以说，是刹那间的情感一下子传导到社会，然后就是每个个人。这一点从前述的怪奇文化风潮、昭和 7 年到 8 年那段时间爆炸式流行起来的《东京音头》❶这些现象也能看出端倪。昭和 2 年到 3 年期间的银行倒闭

❶ 《东京音头》：1932 年由中山晋平作曲、西条八十作词的歌曲，原标题为"丸之内音头"，1933 年改为"东京音头"并发售唱片，据称销量高达 120 万张。

潮和瞬间蔓延全国的全民挤兑潮等一系列现象，也可以说是庶民阶层害怕不知何时会失去有形之物的精神焦虑所显现出来的现象。

有形之物终会崩塌，在如此虚空的情绪中，昭和时代的人们（尤其是住在东京、横滨的人们）仿佛渐渐丧失了判断标准不知该相信什么，也不知可以失去什么，最终陷入了一种无法掌控的情绪之中。

然后是第二点，毋庸赘述，这样的屠杀行为短时间之内就会国内外尽知，有一些展示这个时期日本人残暴程度的照片流到了海外。在大地震刚发生没多久，有一些救援物资随着"拯救日本"的口号陆续从海外送抵日本境内，然而在这些屠杀行为被曝光之后，这些来自海外的救援物资就马上被叫停了。

这些屠杀行径，一直延续到了昭和时代的九一八事变、侵华日军在战场上的那些非人道的行为。我们对于这些关联性的认知此前并不充分，然而在把大正、昭和与平成放在一起作比较的时候，这些关联性就会非常鲜明地显现出来。

第三点即所谓虚无感的外溢。进入昭和时代，恐怖袭击事件频发，到了昭和 8 年左右，自杀更是似乎成了一种风潮。青年男女相约在伊豆大岛三原山一起跳进火山口，成了成全这一份虚无感的绝招。在我看来，自从关东大地震之后一直持续着的这种情绪，到了昭和时代之后，似乎起到了把人们推向死亡的作用。昭和初期的这片死亡阴影，甚至发展到了被认为可能是关东大地震的受害者所造成的地步。我认为，以关东大地震为中心的"灾害史观"，的确在构筑昭和前期的社会形态方面起着作用。

❖ 平成的灾害史观

那么到了平成时代，我们是不是也应该确认一下，这种灾害史观又是以什么样的形态镌刻在平成的年谱之中的呢？马上就能想到的，就是阪神大地震发生两个月左右之后，奥姆真理教制造了东京地铁沙林毒气事件，这是单纯的偶然吗？当然不是。

我认为奥姆真理教事件正是灾害史观的"果"，事件的实施者与阪神大地震之间不论形式为何，两者之间是有某种动摇事件实施者内心的心理联结存在的。

平成 23 年 3 月 11 日发生的东日本大地震有两个面向：一个是天灾，即超大型地震和海啸灾害；一个是人祸，即东京电力公司福岛第一核电站的爆炸事故。这场结合了天灾与人祸的重大灾难，让我们看到许多可以被视作灾害史观影响之下的史实的出现。事实上，整个平成时代的后期，可以说都是被这种由灾害史观所滋生的现实所操纵着。

比如说安倍内阁，和此前的内阁进行比较的话，很明显在许多方面糟糕得多。首先是轻视立法府（国会），然后是否定战后民主主义，还有完全无法站住脚的奇谈怪论，或者让国民感到不舒服的一些言论，等等，可以指出其不少负面。现在，东日本大地震已经过去 8 年多了，乍看之下现在的一些现实情况似乎摆脱了灾害史观，但再隔一段时间回过头来看的话，应该会意识到这种史观的可怖之处吧。

为什么可以将平成这个时代空间，用灾害史观的一个横截面来总结？可以联系到本书一开头所提到的，平成天皇通过电视讲话公开诉求"生前退位"，通过那次讲话，天皇在体认到那场灾害的前提下，展现出了一种人们可以通过自身被赋予的职责，努力克服那场灾害的人生态度。

同时我们应该看到，这样的努力也会有其局限性。其实，平成天皇并没有在讲话中特别提到这些事情，但是我们仿佛通过天皇的讲话，学到了在天灾和人祸面前，承担起自身相应责任一事的重要性。然而，平成政治却对这一点毫无汲取教训的意思，这是出于傲慢而没有对灾害史观表现出谦逊的态度，也正是平成政治会劣化的原因所在。

第一章——

世界史之中的
「平成元年」

❖ 年号就是"标点"

今天，我们应该如何看待当年从昭和时代到平成时代的过渡呢？当时，也就是过渡到平成的那个时间点，我完全没有任何的想法与感受，然而当平成逐渐走向结束之际，反而有一些回忆和感受互相重合，脑子里涌出这样一个感觉——昭和向平成的过渡，缓和了时间上的紧张，同时在空间上，感觉吹起一股和煦之风。

我本人在昭和到平成的过渡期，正好快到50岁的年纪，作为一个靠写作为生，且以日本近代史为主要写作领域的人来说，此次时代的更替对我来说也意义重大。

事实上，当时我收到一个主题为"昭和与平成相比有何种不同"的写作任务，于是还尝试着解析了昭和这个时代所发生的诸多世相，但总有一种空虚感。平成时代究竟会继承昭和时代的哪些遗产，又会如何看待昭和时代的那场战争呢？我在当时写的文稿中试图回答这些疑问，但同时感到了一丝心累。这种心累的感觉，跟我的见解正确与否无关，而是一种从一个时代过渡到另一个时代的寂寥感，也可以说是一种对于时移世易的孤独感。

我想先表明一点，所谓昭和、平成只是年号，和公历那样以一百年为一个变化单位的历史观有着相当大的区别。我认为，年号类似写文章时的标点符号。标点在文章中起着区隔前后内容的作用，而在连接前后内容时发生的诸多现象，就可以对应到昭和与平成时代过渡时期发生的一些现象。比如，昭和64年（1989年）1月7日，昭和天皇驾崩之日，整个世界历史也渐渐发生着变化。日本更换年号，为本国历史标上新标点之际，也是世界历史发生变化的时候。

❖ 昭和天皇之死与冷战终结

让我们把年表重新拿出来看一看，昭和63年（1988年）11月，美国总统选举中，共和党候选人老布什当选，继承了由里根总统时代所开创的西方阵营在冷战中的角色。而另一方面，苏联对于东欧国家的掌控权从平成元年（1989年）8月开始急速瓦解，那时的苏联竟然如此脆弱，如此不受老百姓的支持，甚至连西方媒体都觉得惊讶，这也是我当时的感受。

昭和天皇之死，和苏联的瓦解造成冷战的实际终结之间，本没有任何的相互关系。这完全是偶然，能撞到一起本就是令人震惊的事情。但即使如此，我们仍然想把这两件事情关联，是因为觉得历史之中可能真的存在着一些超越人类智慧的东西。

唯物论者和唯心论者都无法对这样的偶然进行解释，或许历史真的是以一种所谓历史的意志来让这些偶然的事情不断发生。

一些深层次矛盾一旦获得释放，人类又轻易地开始干起了残虐的行径。这一事实在日本也以悲剧的形式出现在了台面上，奥姆真理教事件便是这样。这个事件在日本社会被认为是一个和宗教有关的恶性事件。但是其本质，应该用开放性思维，将宗教作为人类的深层问题再次显现这样的视角来进行分析。这一点我会在后面进行论述。

❖ 苏联解体后的莫斯科见闻

平成 2 年（1990 年）的 11 月，听说俄罗斯的东洋学院所藏的一些跟日本有关的史料即将对外公开，受某月刊的请托，我去了一趟莫斯科。翻译是当时在某大学担任俄国政治史讲师的中村逸郎（现为筑波大学教授）。中村在俄罗斯留学了 7 年之久，熟稔俄语，能请他当我的翻译，实在很幸运，通过他我可以跟很多俄罗斯人进行交谈。

当时的俄罗斯是所谓"万宝路之国"，据说在入境时给海关人员一包万宝路香烟，对方就不会找你麻烦。我试了一下，但也说不清到底是否起了作用。在大街上拦出租车的时候，一些不是出租车，可能只是下班碰巧路过的公务员开的车，有时也会停下来送我们去目的地。这当然是非法的，但因为当时公务员的工资拖欠严重，一些人就用这样的方法来赚点外快贴补家用。

我和中村有一次就坐上了一位四十多岁的国有企业技术工人的车。听说我们要回国贸中心酒店时，他说车费不收卢布，让我们付美元。中村说："我们没有美元，日元可以吗？"这位技术工人说："日元？原来你们是日本人啊？日元汇率我搞不清楚，不行！"我身上还有些美元，于是就上了他的车，在车里我们进行了畅所欲言的交谈，而这也是我在莫斯科差不多一周时间里印象最为深刻的一场对话。

"戈尔巴乔夫到底在想些什么，把我们这些人的生活都搞糟了……不过也不能全怪戈尔巴乔夫一个人……"

黄昏时刻的莫斯科，城市犹如水墨画一般，被黑灰两色深深浸染。这位司机边叹着气，边抱怨养两个小孩有多辛苦。

中村问他，说这样的话不要紧吗？如果在过去的话马上会被克格勃带走吧。司机回答："没事儿，所有人都在说。"没有任何在意的样子。

平成史

我看着这位热情的技术工人的表情（他时不时会通过后视镜观察坐在后排的我们的反应），感觉到他说的都是真心话。看着这位司机的样子，我感到20世纪最后10年的时间里，像这样会让人颠覆此前固有价值观的事情应该还会发生。

等我回到了酒店房间之后，又接连想到了这样的情况。

就像日本人，前一天可能还在高喊"天皇陛下万岁""坚持打赢圣战""尼米兹、麦克阿瑟滚出来，等着下地狱"这样的话，然而过了一天就开始高喊"民主主义万岁""欢迎麦克阿瑟"了。

我意识到，在一个体制走向终结并且向下一个体制过渡之时，生活在其中的人们，哪怕口中讲话的内容发生了变化，他们的性格和思考方法也是不会发生改变的。

❖ 为"昭和"殉葬的人

看一下从昭和过渡到平成的年表，昭和64年同时也是平成元年（1989年）的重大事件，应该是在7月份的参议员选举中，执政党和在野党选后情势逆转这件事吧。当然，这只是所谓"55年体制"之下发生的短暂现象，但我觉得这样的现象的出现，也有天皇在那一年驾崩的因素在其中。

昭和30年开启的"55年体制"，从昭和一直延续到了平成，正如前文所述，直到以细川护熙为代表的非自民八党派夺过了政权，55年体制才正式终结，历时38年之久。而这已经是平成5年（1993年）的事情了。这个时候才可以说昭和的政治正式终结，在此以后才是所谓平成的政治。

如果要给那个时代再划一个重点的话，可以提一下平成元年逝世的美空云雀（6月24日）、松下幸之助（4月27日）、手冢治虫（2月9日）。这三位的去世，也可以说是对"昭和"的一种殉葬。

美空云雀在战后以天才少女歌手之名出道，用她的歌声牵动了昭和中期（占领期）、昭和后期（恢复独立后）的人心。她的逝世，甚至给我一种美空云雀觉得自己只有在昭和这么一个时代里才有自己的生存空间，于是决定随着昭和而去的感觉。松下幸之助也可以说是跟昭和并存的实业家了，提出所谓"水道哲学"的独特企业经营理念，并使之从日本推广至全世界，如果仅用"有才华的企业家"

这样的评语，不能说就是这位实业家的全貌了。他的逝世或许也是历史意志的体现——让他只活在昭和时代。

而手冢治虫又是一位将知性融入自己漫画作品中的人物，同时也可以说是在昭和这个时代里镌刻了自己的标点后暗自离开的。这样一些人物的去世，无疑是历史的意志在教导我们，要学会拥有观察时代的目光。

❖ 昭和与平成，不同的关键词

现在我们再来整理一下，"平成"能够从"昭和"中汲取哪些东西。为此我试着采用一种办法来思考昭和与平成。首先是昭和，昭和这个时代有三个关键词，分别是：

一、天皇（战前的神格化天皇、战后的人间天皇或者象征天皇）；

二、战争（战前的军事主导体制、战后的非军事体制）；

三、臣民（战前的一君万民主义下的臣民、战后的拥有公民权的公民）。

通过这三个关键词，我们可以对昭和进行完整的解读。加上"战后"两字，就可以装下相对应的"人间天皇""非军事体制""公民"这三个概念。毋庸赘言，讨论从昭和到平成的过渡，或者将年号视作标点，要看一下标点前面和后面的内容，特别是标点后面的内容是否出彩，上述的三个概念是否得到继承，这是思考平成的时候的重要框架之一。而从这一个角度出发进行探讨，也是我写作本书的目标。

"人间天皇""非军事体制""公民"，这三个关键词事实上是被继承着的，但要强调是"到目前为止"。这么说是因为在平成行将终结之际，这三个关键词实际在一点一点地开始崩塌。尤其是"非军事体制"，甚至可以说是毫无疑问处于危险边缘。

那么，平成自己的三个关键词又会是什么呢？从昭和，特别是"战后"部分的正向关键词获得了继承，以此为前提，我觉得是下面三个关键词，且每个关键词又有两个内涵：

一、天皇（人间天皇和战争清算的使命）；

二、政治（选举制度的改革和议员的劣化）；

三、灾害（天灾和人祸）。

在开展对平成的讨论的时候，需要对上述三个关键词进行论证，这样平成这个时代才会具体地浮现出来。

❖ 天皇展示的自身的作用

天皇在"朝见之仪"❶后发表了讲话，当时是平成元年1月9日，这也是平成天皇首次向国民袒露心境的讲话。讲话全文共400多个字，表明了平成天皇将以怎样的心境将平成这个时代延续下去，可以说浓缩了其对于世代更替的精神主旨，这里稍作引用：

大行皇帝（昭和天皇）驾崩，哀痛至极，循日本国宪法及皇室典范之规定，继承皇位。

深切悲痛之际，亦深感身负大任，内心深觉肃然。

---

❶ 朝见之仪：指新天皇即位后第一次对内阁总理大臣进行谈话的国事活动的仪式。

（前略）在此继承皇位之际，深思大行皇帝遗德，以其无论何时皆与国民同在之愿为念，郑重起誓，将与诸位一同守护日本国宪法，循宪法之规，尽职尽责，愿国运更进一层，恳切希望世界平和、人类福祉增进，不能自已。

平成天皇在讲话中，表明了自身作为天皇的立场和意志，也表明了将以何种姿态面向未来的时代。更具体地说，前文提到平成的三个关键词，天皇对其中两个进行了解释说明。所谓继承昭和天皇的遗志，其实就是继续走"人间天皇"的道路，虽然讲话里面没有明说，但也可以看出其想更进一步走出一条"象征天皇"的道路的决心。然后，我从中还看出其想以自身的天皇立场对战争清算（这就牵涉"追悼与慰灵"的内容）进行实践的信号。

毋庸赘述，现在的宪法之中，含有对战争清算的精神。虽然我在讨论昭和时代的时候刻意选"战争"作为关键词之一，但也可以在战后部分视作"非军事"的概念，而这个"非军事"，指的就是现在的宪法。因此在引用讲话里加着重号的内容，本来只需说"将与诸位一同遵循日本国宪法之规，尽职尽责"就够了，好像没有必要再强调"守护日本国宪法，循宪法之规"。

这一段话，平成天皇实际上放入了战争清算的意味，并从此之后的某个时期开始，以探访海外激战地，实行"追悼与慰灵之旅"的形式进行了具体的实践。这些"追悼与慰灵之旅"，在我看来，总有一种在平成新时代，对昭和时代的战争进行解体的历史意义在其中。

作为平成时代关键词的"天皇"的存在方式，这里仅仅只是通过一个点进行了简单论述，我们必须理解的是，有关"天皇"，事实上是蕴含着很多重要视点的。

第二章

天皇构筑起的
和国民间的沟通机制

❖ 天皇处境之严苛

平成 31 年（2019 年）4 月 30 日至 5 月 1 日举行的平成天皇生前退位仪式，成了让日本社会重新思考到底"天皇是怎么样的一种存在"，以及"国民和天皇之间应该构筑起怎么样的一种沟通机制"这些问题的良好契机。这里我想试着一边摸索天皇制度应有的理想形态，一边确认现在的象征天皇制度所处的相位。

有关生前退位的出发点，即平成天皇的电视讲话，我们已经知道其内容的核心是平成天皇不得不直接诉诸国民支持他生前退位这一想法。然而实际上，在政治那一端，在天皇表明了这一想法之后，召开了专家会议，举行了听证会，然后制定出了不将生前退位作为今后的惯例，而仅限于承认当前这一代天皇生前退位的特例法。在这个决策过程中，我们可以管窥到现代社会关于天皇论的真实样态。就是说从近代日本草创阶段就开始的有关天皇的理想形态的争论，终于在公开正式的场合被揭示出来了。

接受了平成天皇退位意志而推出的特例法❶，并没有牵涉对于皇室典范❷的修正，因为一旦涉及修改皇室典范，就可能进一步牵涉男系男性天皇的瓦解，甚至再进一步涉及女性天皇承认与否的问题。而当时的安倍政权被外界认为是极力避免出现这样的情况的。看着安倍政权所表现出的想修改宪法的姿态，还有一种推测认为，一旦修改了皇室典范，未来修宪时，宪法中有关天皇的条款也会受到影响，安倍政权并不愿意去碰触这一块。

❶ 特例法：指针对第 125 代天皇明仁退位相关事宜而制定的日本皇室典范的特例的法案，该法案于 2017 年 6 月 9 日通过，2019 年 4 月 30 日正式实行。
❷ 皇室典范：基于日本国宪法第 2 条及第 5 条的精神而制定的关于日本皇室的法律，规定了皇位继承及摄政等涉及天皇和皇族的核心内容。

但无论如何，随着特例法的制定完成，天皇的生前退位的愿望得以实现。

此外，那一次电视谈话还有一点重要的诉求。在谈话内容中间，天皇说了这样一段话：

"我自从即位以来，已历经28年，在此期间，无论我国发生什么喜悦的事情，抑或发生任何悲伤的事情时，我都和所有人一起度过。对于天皇的责任，我至今都认为，首先重要的是祈求国民的安宁和幸福……天皇既然是一种象征，为了实现这种国民统合之象征的作用，天皇必须一方面诉诸国民对于天皇这一象征性立场的理解，另一方面对自己的责任铭记在心，加深对国民的理解，并常常在内心培育自己是时刻与国民在一起的自觉观念。也正因如此，我深感去往日本各地，特别是相隔甚远的边陲小岛的探访之旅，是作为天皇的象征性行为，极为重要。"

这段话在叙述自己作为象征天皇所做心理准备的同时，也表明了天皇在问自己，为了实现这样的目标应该具体做些什么事情。走遍全国各地，直接与国民进行沟通，倾听他们的内心想法，才是作为象征天皇的出发点。这段话可能同时也在说，要这样实现象征天皇的作用，毕竟有年龄上的极限，因此更需要生前退位。

在意识到了这之间的相关性后，我不得不重新思考平成天皇所处状况的严苛程度。明治、大正、昭和等历代天皇，毋庸赘言，都各自通过不同的方式学习到了所谓帝王学。明治天皇从指明了近代日本方向的山县有朋❶和伊藤博文❷那里，通过现实政治，学到了帝王学。其晚年让皇太子（之后的大正天皇）站在自己身旁，亲眼看着给天皇上奏的大臣们是何种态度，是如何进行汇报的，同时天皇又是如何应对的。大正天皇在接受几位专家的私人授课之外，还直接从自己父亲那里学习到了帝王学。

大正天皇身体有恙之后，虽然无法亲自向皇太子（之后的昭和天皇）传授知识，但摄政制度本身就有给皇太子学习帝王学的考虑在其中。

然而查阅历史的话会发现，昭和天皇在大正3年（1914年）到大正10年（1921年）间，在东宫御学问所实打实地

---

❶ 山县有朋：日本明治时期知名政治家，历任陆军卿、内务大臣、司法大臣等要职，并前后两度出任内阁总理大臣。

❷ 伊藤博文：日本明治时期知名政治家，第5代、第7代、第10代内阁总理大臣。

学习了帝王学。对于天皇应该是怎么样的、怎么样的天皇是外界乐见的这些问题，都进行了系统性的学习。里面的内容有很多，比如作为军事统帅的大元帅的立场和作为国家政治代表的元首的立场的区别，心理层面的应有状态；还有天皇作为一种公共性的存在如果拥有普通人的情感该如何解释，如何才能传达自己的情感；等等。但对于昭和天皇来说，其中最为重要的是在皇太子时代访问欧洲时，英国国王乔治五世直接传授的几句话：

"君主当政，但不统治。记住这一点就够了。君主不应亲自走到前台指挥政治与军事。"

这几句话成了影响昭和天皇终生的教诲。在战后的记者见面会上，昭和天皇反复说自己"一直保持在君主立宪制的框架里"，但只有在镇压"二二六事件"❶和宣布接受《波茨坦公告》时才短暂跳脱出这个框架，意思是说他始终严格遵从乔治五世的教诲。

---

❶ 二二六事件：1936 年 2 月 26 日，由部分受到皇道派思想影响的日本陆军青年军官们所发动的军事政变。

❖ 向国民提出的问题

和明治、大正、昭和三代天皇各自所接受的帝王学不同，平成天皇必须凭借自己的力量去确立天皇的样子。准确地说，应该是在获得了美智子皇后的帮助之下，才塑造出了新天皇的样子。在电视讲话里，我们能看出天皇对于这一点的自豪。同时，这也是向国民们提出的问题，末尾的那句"深切希望得到国民的理解"正是这个意思。在这里，我们不得不重新思考一个问题，也是一个极为重要的视点。

权威报社和通讯社会针对天皇的话题进行定期的舆论调查，在这些调查结果中出现了一个特点：在右翼这边，有一些把天皇捧为神格化的存在，认为天皇啥都不用干，静静待着就好的人士，这些人过去在调查中占比7% ~ 8%，而现在看起来或许只剩4% ~ 5% 了。同时，在左翼这边，有一批主张废止天皇制的思想顽固派人士。

把这两派人去除之后，有接近 90% 的人对目前的"象征天皇"的存在形态好像没有异议，但他们并不会主动说自己没有异议，也就是所谓的"沉默的大多数"。

然而，那两派人对自己的主张深信不疑，因此声音显得特别大。所以，目前的情况是绝大多数人对于天皇的存在很难发出自己的声音。

这些"沉默的大多数"只是默默看着天皇和皇后践行着象征天皇制，同时全面或者部分默认着这样的情况发生。2016 年的电视讲话的内容，用我的话来解释，是天皇自己再次重申了象征天皇的存在形态，然后反过来问国民们的意见，因此我认为，这一次，国民们必须给出自己的答案了。

❖ 同昭和天皇之间的传承

太平洋战争结束的时候，平成天皇只有 11 岁。当时被送到日光避难的皇太子还是一名学习院初等科的六年级学生。昭和20年（1945年）8月15日的"玉音放送"，他是在下榻的酒店和东宫大夫、六个侍从及抚育官等人一起收听的。

听完之后，东宫大夫穗积重远对皇太子说，从今以后，为了国家的重建，必须竭尽全力，他说："勿过度悲叹，应专心治学，并一生抱持今日之悲壮之情，他日成为明主贤君。"昭和天皇的侍从次长木下道雄在自己的日记里写道，皇太子也在8月15日写了一篇作文，在这篇作文里，皇太子写道，"必须背负起下一个世代的重责，推进新日本的建设"，以此表明心境。

然后于8月下旬，从日光向父亲昭和天皇寄出一封信，而昭和天皇给皇太子的回信，日期则到了9月9日，这件事到了平成时代之后，由平成天皇幼时的同学公之于众。昭和天皇在给皇太子的回信中说到了"关于战败的原因"，点出了日本军人"过度迷信皇国而轻视英美""过于重视精神而忘记科学"等理由，在末尾添了一句"穗积大夫常识过人，有不懂的地方，可以问他"，督促皇太子要充分听取穗积的建言。

这一封昭和天皇写给皇太子的信，非常直观地表达了天皇身为父亲的感情，而皇太子应该也坦诚接受了这份感情吧。"若战争持续下去，将无法守卫三种神器❶，甚至不得不让国民牺牲生命。"天皇还这样写道。

这段话还隐含着一种在这两代人之间的传承，虽然皇太子从年龄上来讲，无法对战争的悲惨和现实的残酷获得完全的了解，但身为天皇能够具体地了解到这一人类罪行，至少比起其他同龄人来，身上应该也多了一种优秀的感性品质。可以说他们都理解到了，即便战争不符合天皇本人的意志，但也必须面对接下来的悲惨现实。

❖　"军人易跋扈而不考虑大局"

昭和天皇说过，不应该采取战争这一国策，那样可能会让支持天皇制的国民们逐渐失去信任。回顾历史，可以看

---

❶　三种神器：日本神话中相传由天照大神所授的三件宝物——镜、剑、玉。新天皇即位时，要同时继承这三件宝物，作为即位的见证。

到有不少因为战争而崩溃的君主制国家。在欧洲，20世纪初期只有法国和瑞士两个国家采用了共和体制，但在第一次世界大战之后，奥匈帝国、奥斯曼土耳其帝国、俄罗斯帝国等相继瓦解，随后诞生的新国家不再实行君主制了。

昭和天皇应该没有具体研究过这方面的历史，但他对于战争与革命会造成天皇制的危机这一结论却无疑铭记在心，即便在太平洋战争时期也能从天皇的言行中窥见一二。关于这一点，还有必要从另一个不一样的视角来看。

这也是我时常会指摘的一点，就是近代的天皇在位期间到底思虑的是什么事情？事实上，不论哪位天皇，其目的都是固守皇统。在固守住皇统并将之传给后世之时，采用何种手段有着重要的意义，为了达成此目的，祈祷、仪式、敕语❶等，肯定会有这类能够明确表现出天皇是文化和传统的守护者的手段，近代天皇的所谓"国事行为"便是此类手段的一种。

此外，战争也是手段之一。日本的军人们相信，战争

---

❶ 敕语：原指天子说的话，在明治宪法制定之后，指代天皇不用经过国务大臣的副署，直接对于国民表达的意志。

能扩大支配权，然后掠夺财富使得自己的收益最大化。日本的军人们，通过夺取领土扩大收益或者获得战争赔款的方式，让自己的军功和国家的利益融为一体，其结局就是为了获得名誉军人的各种勋章，而盼望着战争的出现。

昭和10年之后的10年时间里，军事领导者们在通往战争的道路上冲刺，因为他们相信这就是在为国家作贡献。前文提到的昭和天皇给皇太子的信中写道，"就如同第一次世界大战的德国一般，军人易跋扈而不考虑大局，只知进，而不知退"，那段历史时期军事领导者们的样子就真的浓缩在了这句话中。

所谓的军事指挥者们"跋扈而不考虑大局"，意思是指他们满脑子只想着战争，对于战争以外的事情，要么完全一无所知，要么根本懒得多看一眼。关于这一点认知，我们可以认为昭和天皇传承给了平成天皇。然后，在这些"不考虑大局"的军人们的发动之下，二战发生了。

❖ 去往海外的"追悼与慰灵之旅"

如果再度整理昭和 10 年到 20 年之间的战争，会发现里面隐藏着两个重大的谬误。而这可以说是天皇和国民之间的关系没法达成圆满的理由。第一，军事指挥者们是用半威胁的方式迫使昭和天皇作出了"战争的选择"。当时他们威胁天皇称"如果此时不选择战争的话，国家会灭亡，这样的话天皇体系也会消亡"，然而当时天皇并没有轻易就相信他们，而是好几次问："真的不要紧吗？"有时甚至会用严厉的语气表明自己无心开战。

然而，结局却是天皇选择了战争手段，这其实是第一个谬误。

那么第二个谬误是怎么样的呢？其实只要稍微对比一下就会得出答案。军事指挥者们当时横亘在天皇与国民之间，企图用军队内的规范来统一国民的所有声音。天皇在军队内部是被神格化了的大元帅，然而同国民之间并非这样的关系，天皇是国家元首，也就是所谓主权者，并没有像在军队那样被神格化。然而军事指挥者们插在了两者之间，把国民当作特攻和玉碎❶的"战备"资源。

上述两个事实，对于平成天皇来说是极为沉重的课题，如果要从根本上否定战争，就必须谦虚地解决这两个课题。不然天皇和国民之间没有办法产生强有力的联结。这一点平成天皇本人也应该考虑到了。

平成天皇携皇后，开始"追悼与慰灵之旅"，特别是平成17年（2005年）6月起远赴海外进行"追悼与慰灵"，这几年更是不遗余力前往帕劳和菲律宾等地。

他们想述说什么呢？天皇和皇后分别在他们10岁和11岁的时候体验了战争的悲惨。对于那个年代的人来说，由于战时自己尚未成年，对于战争往往有一种偏神经质的看法。战争绝非单纯的个人生死问题，也是一种政治体制的法西斯化，而且常常伴有对于人性的压制，和一群表情差不多一样黯然的人的模样。天皇和皇后应该格外不喜欢这

---

❶ 特攻和玉碎：特攻是特别攻击队的略称，比如神风特攻队。玉碎取自"宁可玉碎，不能瓦全"，在太平洋战争期间，日本军部用玉碎来替代全军覆灭的意思。

种被压抑时的表情，因此在国内发生自然灾害之后的慰问之旅中，无论去到哪里都会主动靠近灾民们。

在对待战争的逝者时，往往会前往墓地，并在墓碑前低头默哀好几分钟。那个样子仿佛在跟逝者们说话一般，而在这些情景之中，也可以理解为凝结着当时军事指挥者们的罪恶之深重。

战争已经过去70多年，关于战争的记忆也逐渐从社会消逝，但天皇携手皇后，就好像逆流而上一样，到了晚年更积极地去到激战之地重复着"追悼与慰灵"。我甚至觉得天皇、皇后的这些"追悼和慰灵"原本就是在为那些幸存的士兵或者那些在和平年代成长起来的下一个世代的人们遂行身位天皇的责任和义务。如果你觉得天皇是在用一种无言的形式对国民们说着什么的话，那就更应该从天皇和皇后的坚定意志中汲取力量了吧。

说几句貌似结论的话，针对今后的天皇和皇后将会如何塑造自己的形象，或者继承平成天皇的哪个方面，目前有很多的讨论，这首先自然是皇太子在即位之后独自去完成的事情，这也是对他会继承平成天皇的哪一个部分所进行的考验。

❖ 来自平成的嘱托

　　每年 8 月 15 日的"战殁者追悼纪念日"，天皇都会发表谈话，在战后经过了 50 年、60 年、70 年之后，我们发现天皇谈话的措辞在一点点地改变，用以反复提醒国民，不能忘记那场太平洋战争，必须正确地把关于战争体验的记录给传承下去。天皇和皇后承担着这样的职责，也一直在这么做。

　　在平成这一时空之中，在平成天皇与皇后对因过去的战事而失去生命或者受到伤害的人们持续进行着慰藉的这段时间里，日本是否应该因所谓"已经完全不存战争受害者"而感到欣喜？天皇在自己的生日时亲口说过这样的话。应该特别强调一下，首先平成就是这样的一种时空，其次，让这份皇统能够得以永续可以视为平成对后世的嘱托。

　　通过这样的理解，对天皇在位的目的产生最大阻碍的战争，我们就能有自己的思考了。不论发生什么事情，绝不能选择战争作为"手段"，这个明确的结论必须作为历史教训被牢记。

平成天皇曾在 2013 年 12 月 23 日 80 岁生日前举行的记者见面会中，阐述了以下这些感想：

"战后，在联合国军的占领之下的日本，将和平与民主主义奉为必须守护的珍贵之物，制定日本国宪法，实施各种改革，构筑起今日之日本。对于在当时重建因战争而荒废的国土，并对为持续改善国家而付出努力的国民们，深怀感谢之情。"

这展现了天皇哀悼因战争而身亡的人们之外，对当年和自己一同分享未来希望的同时代的人们，一样抱持着敬畏之念。这也是同等重要的事情。

❖ 为了继承所做的准备

平成 29 年（2017 年）12 月 23 日，天皇迎来 84 岁生日，这一天按照惯例同宫内记者会❶进行了记者见面会。这是退位之日决定后的第一次记者见面会，天皇的讲话深受外界瞩目，但讲话内容非常有节制且平和。

宫内记者会向天皇提问，天皇今年依旧在国内外参加了诸多国事和公务活动，还经历了特例法的制定通过，"请回顾一下这一年，同时请说一下对于退位之前的这段日子的想法"。

对这个问题，天皇从多个视角进行了回答，他大致是按照这个顺序回答的：

（1）2月到3月这段时间，和皇后一起去访问了越南；

（2）7月发生九州暴雨等自然灾害，探访了受灾的灾民们；

（3）宗像·冲之岛及相关遗产群，被联合国教科文组织确认登上世界遗产名录；（4）去往埼玉县日高市的高丽神社进行了参拜；（5）第一个孙辈结婚；（6）和退位相关的答谢。天皇将2017年发生在自己身上的一些事和社会动态用一种客观的口吻进行了描述，从某种程度上能看出一种

---

❶ 宫内记者会：日本各个政府机构内部都有记者俱乐部制度，只有成为记者俱乐部的成员才能较为不受限制地接触采访对象，此处指的是宫内厅的记者俱乐部。

无私的情怀在里面。这个回答的内容让人看出天皇在自己的生日也没有显露出私人的感情。

但从他的回答整体上可以看到很多地方体现出前一年8月的电视讲话中所表达出的想法。那次电视讲话中的一个基本想法，就是在靠近国民、倾听国民声音的同时，希望国民能够理解天皇夫妇想要做到的象征天皇、人间天皇的模样。而这场84岁生日记者会的内容也充分体现了这一点。可以说，如果天皇和国民之间构筑直接沟通的机制是时代的宿命，那么天皇本人已经明确向国民表达了他有此意志。这种意志，集中体现在了记者见面会最后的部分。

"这里，我要对后年4月底我退位一事最终确定之前的这段时间里，从各自不同的立场进行思考和努力的所有人们，表达我发自内心的感谢，在余下的日子里，我将履行作为象征天皇的公务的同时，和有关人士一同为下一代的继承工作做好准备。"

在承诺将和以往一样，做好"象征天皇的公务"的同时，又不动声色地表明了将推进下一个时代（也就是皇太子即位之后的时代）"继承工作做好准备"。在此之前，已经有预测天皇应该会在记者见面会上强调这两点内容，却只在末尾的部分不动声色地提到一下而已，这代表着这场记者见面会并不是天皇对还剩 1 年 4 个月就将结束的天皇在任时期进行概括总结，而是把这件事情仅作为自己心情的一个部分来叙述而已。

❖ 同原残留日本兵家族的会见

此外，对前文所提到的记者见面会的内容进行分析还可以看到，天皇对于"战争"与"灾害"是深感痛心的，因为这些会给国民带去非常多的苦难，这些苦难同时又是身为象征天皇的本人的苦难。说到"战争"，天皇讲话中提到，平成 29 年（2017 年）2 月底到 3 月初期间他出访越南的事情。这是天皇和皇后第一次出访越南，此次访问让他知道了一些此前并不广为人知的事情。

太平洋战争之后，有许多日本兵留在了越南，并参加了越南的独立战争。这些日本兵和越南当地女性结婚生子，有了自己的家庭。天皇和皇后同这些家庭也进行了会见。

天皇是这么说的：

"这些日本兵在越南获得独立之后，被迫回国，他们留在越南的家人也吃了很多苦头，在这样的情况之下，我听闻这些留在越南的家人们，和回国后的日本兵在日本重新组建的家庭之间，仍保持着长期的理解和交流关系，我深觉感慨。"

不光是越南，以印尼、缅甸为代表的东南亚各地，日本兵留在当地为该国的独立运动出力的例子还有不少。然而，即便确知曾有过数千日本兵留在越南当地，但这些人的具体情况至今仍不够清晰，就更不用说印尼、缅甸等国的日本兵了。

回顾历史，残留日本兵的存在给予我们非常多的启示。在这里可以举一个事例，回到日本国内，这些日本兵往往得到的是"逃兵"一般的待遇，因被认定为战死而花了很多时间精力才恢复户籍。也就是说，国家对这些原日本兵一直给予非常不仁慈的待遇，甚至有时候还把他们当成罪犯一样对待。

当然，天皇在记者见面会上是不能说这些事情的，只要是涉及政治状况的事情，天皇一概不能提。但是，在看过了天皇记者会的内容以后，我们必须重新抱持对于历史的想象力。直到现在，天皇仍会具体谈起战争的痛心之处，那我们难道就不应该认识到，我们对于那场战争留给我们的诸多历史教训的汲取能力，也同时在被检验着吗？在这类启示变得越来越少的今天，我们的国家依然在面对这个问题，那就是如何看待那个战争的时代。

天皇换代之后，下一位天皇将会如何展示他面对这些考验时的能力，这是我们想要注视的，当然，没有战争体验的天皇和皇后的存在本身，也和日本这个国家的真实状态一样，定会显示出其新的视角。

❖ 身为象征天皇的义务

继而，"灾害"也是平成这个时代不得不思考的主题。天皇并不只对灾害感到痛心，还对那些不仅没有被灾害打垮，而且还全力重建生活的灾民所展示出来的能量深受感动，他说到"今年令人感到遗憾的是，发生了几起自然灾害"，讲述了灾害的实际情况。

这就是前文中天皇回答第二部分的内容。天皇 10 月起陆续探访了九州北部受到暴雨侵害的地区，从福冈县朝仓市、大分县日田市，11 月去探视了受到火山喷发灾害影响的人们。位于鹿儿岛县屋久岛以西 12 公里的口永良部岛的所有居民，都躲到屋久岛开始了暂时的避难生活。对这件事天皇是这样说的：

"听闻因为进行过针对火山喷发的避难训练，所以这次能很快地将岛上全部居民送往屋久岛避难，还得到了屋久岛的居民们的帮助，现在很多人开始陆续回到口永良部岛，一点一点地边重建边恢复原来的生活，我感到很开心。"

此外，天皇还提及 11 月他在访问了屋久岛之后，首次访问了冲永良部岛、与论岛，每个岛上的岛民都各自过着融合了地域传统和自然环境的生活，他表示自己"放心了"。

对于"战争"和"灾害"这两个方面，可以说，天皇再次表明了无论受灾地、受害地在哪里，哪怕是人口再稀少的地方也会去，作为日本这个共同体的成员之一，同时也作为象征天皇的义务，只要健康允许，天皇就不会停止慰问与追悼。

❖ 同韩国的缘分

此外，在表达了对宗像冲之岛及相关遗产群被联合国教科文组织列为世界文化遗产之事的喜悦之情后，天皇提及了参拜宗像大社时的事情。他是这样说的：

"我参观了4世纪至9世纪期间供奉在冲之岛的宝物。冲之岛位于我国和朝鲜半岛之间，过去是祈求航海安全和往来顺利的祭祀之地，据说这些宝物被认为就是在那个时候被供奉的。此外，9月份去参拜了埼玉县日高市的高丽神社，那是距今1300年前从高句丽来的移民们所建的神社。很多人在神社迎接我，我在那里感受到了我国和东亚交流历史的源远流长。"

天皇的话，清楚表明了日本同包括朝鲜半岛在内的东亚各国，多年来一直保持着交流。2001年生日前的记者见面会上，天皇曾提到过同韩国的交流历史，包括明治43年（1910年）吞并韩国，天皇如此说道：

"作为我自己来说，从《续日本纪》桓武天皇的生母乃百济武宁王的子孙的相关记载中，感受到了和韩国之间的缘分。武宁王同日本关系深厚，从那时起，开始代代向日本派遣五经博士，而且，武宁王之子圣明王也因将佛教传入日本而广为人知。"

"然而，令人遗憾的是，我们同韩国的交往，并非都像这些交往一样友好。这一点，我们绝不能忘记。"

天皇这种对于历史问题的思虑周全，可以说是极为英明的选择。

❖ 直面历史的姿态

"战争""灾害""历史"，是这场记者见面会的背景。我觉得，所谓象征天皇，应该还包含以这三个关键词为核心进行塑造这一层意思。进一步说，这三个关键词之间也确实存在着相互联系，从"战争"与"历史"的相互关系来说，如果不充分检讨过去的"战争"，则无法谈论

"历史"。而就"灾害"来说，要活用先贤们留下的智慧，进而利用共同体之间的互助，向着可预防的预防方向前进。从这里我们可以体会到，这些都是天皇本人直率的感想。

　　对于侵华战争、太平洋战争，还有对朝鲜半岛的殖民统治，平成天皇并没有特别的责任。在日本社会内部的确会有一些人觉得，天皇完全可以不去触碰这些"战争"和"历史"的相关内容。但是天皇为什么反而坚持要提到这些呢？还有，在没有"灾害"发生时的日本，用天皇的话说，日本"深受丰富自然的恩惠"，但天皇同样强调，受灾时人们的互帮互助有多重要。天皇提及这些方面的理由到底是什么？要回答这些问题，只要看看天皇、皇后在平成这个时空中是用怎样的姿态诚实面对历史的就可以了。

　　天皇和皇后的一系列谈话和面对历史时所采取的姿态，实际上还蕴含着皇室代代相传，坚守传统并向前发展的历史意志。我甚至认为皇室本身就积累着这样的历史。我们有必要好好从中汲取养分。

　　再提一下 2016 年 8 月的电视谈话，正如我重复了好几次的观点，我认为这场电视谈话不能仅视作天皇向国民提出了生前退位的诉求，还应该考虑到天皇建立与国民沟通机制或者说联系，并希望这种联系被正确地记录在历史中的诉求。身处战后70多年的战后民主主义时代，我们有必要认识到，现在是我们第一次在打造日本独有的天皇制的存在形态。

第三章——

政治为何
发生了劣化？

❖　导入小选举区制的产物

　　我之所以要选"政治"作为平成的关键词之一，是因为昭和与平成之间的政治，以平成 6 年（1994 年）为分界点，有着完全不一样的面貌。这一年 3 月 4 日的参议院全体会议中，针对在众议院选举中引入小选举区比例代表并立制度的政治改革相关的四项法案，获得了通过。这意味着，除了中间有些短暂特殊时期之外，从大正 14 年（1925 年）起开始实行，一直被沿用的所谓中选举区制度，随着这些法案的通过，正式转为小选举区制度。这是一个划时代的变化。

小选举区制度的一大目的，就是促成两个最大政党之间的对立局面，这样更容易出现政权交替的现象，也就更能发挥出政党政治中"监督与平衡"的作用。细川内阁向众议院全体会议提出该法案，并于平成 5 年（1993 年）获得众议院的通过。以"瑞可利事件"❶等政治丑闻的爆发为契机，该法案的最终提出和被通过被认为可以进一步加强在野党的监督力度，进一步针对执政党进行政治追责。

原本，日本的政治土壤被认为并不适合小选举区制度，因此在 55 年体制之下，小选举区制度被完全无视。可以说，当时人们认为，日本社会还没有到达英国式的议会政治那样的政治环境。而为什么后来又决心引入了呢？那是因为后来人们觉得，日本的政治环境已经够成熟了。

有人提出小选举区制度之下，少数政党的声音没有办法得到充分反映，但随着不断有声音在议会里强调，只要同时引入比例代表制度，也有利于少数政党的存活，于是，

---

❶ 瑞可利事件：1988 年被曝出的瑞可利集团公司的行贿事件，据调查发现，自民党、日本社会党等多个党派的议员有受贿行为。

外界舆论对于引入这一套选举制度的批判也就退潮了。

加之当时的政权，即非自民八党派联合政权内部的实力派小泽一郎，为了该法案的通过，进行了强力的宣传活动。在我的记忆中，当时有所谓"反对法案通过的人都是守旧派"的说法，给反对者贴标签，所有反对该法案的人，都被视作"政治碍事者"而被强烈挞伐。

而当时的媒体，把法案的反对者称为过时的守旧派人物，甚至批判他们是只考虑到自身利益，而缺乏公共思想观念的人。照理说，日本社会更冷静对待和讨论这部选举法才是最正确的选择，然而，这样的言论完全没人听得进去，倒是一些意见偏颇的讨论变得很活跃。

我在法案审理和表决过程中，跟时任自民党副总裁的后藤田正晴，还有新生党的领导人小泽一郎等政治家有过对话。连后藤田也非常干脆地认为，日本的政治土壤的水准已经比过去高了很多，已经不是仅仅靠人情义理来推动政治的时代了。在那个年代，自民党内派阀也没有什么出格的动静，因此该法案本身的危险性完全没有被意识到。我至今记得，小泽俨然一副日本的政治环境已经进入先进国家行列，反对的声音可以根本不用去搭理的样子。

如果当时不对反对派贴标签，压制政界还有财界中一些反对者的声音的风潮也没有那么强烈的话，平成的日本政治是不会变成现在这个样子的。这个选举制度的引入，揭示出一个事实，就是日本国内政治一旦摆脱束缚，就会接二连三地朝着劣化的方向挺进。特别是那些在小选举区败选，转而在比例选举区"复活"的现象，几乎让这个选举制度变成一个可以作弊的制度一般。

❖ 揭示政治劣化的预兆

打开平成的年表，平成 8 年（1996 年）10 月 20 日，进行了新选举制度下的第一次选举。小选举区当选 300 人，比例代表选区当选 200 人，总的当选人数虽然减少到了 500 人（在中选举区制度时的当选人数为 511 人），但这次选举也出现了以下几个特点，这些特点可以理解为揭示了平成政治劣化的一些预兆：

一、小选举区的投票率为 59.65%。本次选举为战后第一次投票率低于 60% 的全国大选；

二、执政联盟的自民党、社会民主党（原社会党）以及先驱新党的议席数发生了变化；

三、在野党方面，以脱离自民党的议员候选人为中心的新进党议席数比选举之前有所减少；

四、选举前成立不久的民主党，议员都是原社会党和自民党的议员，选后勉强维持住了议员数量。

综合以上特点，可以指出几件事情，以我个人观点来说，在序章中也已经提到过了，即这场选举可以看作由于经历了东西冷战终结这样的重要历史进程，而失去了意识形态对立这一选举主轴所导致的结果。本来，要成为议员、政治家，就必须有"思想"和"志向"这两方面，而现在，这些都不再是必需的了。取而代之的一些条件，则是媒体知名度、高学历和在政府部门或者知名企业的亮眼履历等。

在此小选举区制度之下，符合上述这些条件的候选人，开始获得自民党等的认证，进而在选举中胜选。思想与志向本应是议员的两条腿，但实际上却成了"蛇足"。同时，随着自民党和社会党组成联合政权，从结果来看，社会党在这一次选举中议席数量减少，并最终走向瓦解，是因为社会党自己也搞不清到底该抱持怎样的思想，也就是说社会党在思想层面失去了方向感。

看着社会党的议员们一个个落选，最后只剩一两个人的现实，我甚至觉得未来可能会有这样的格言产生，即在日本这个国家，"用思想来搞政治的人都是败者，善于在日常生活层面懂得权衡利弊的人才能成为胜者"。

❖ "村山谈话"的历史意义

从昭和过渡到平成的时期，历史观这件事再一次被提及。葬送了55年体制的非自民政权时期，细川护熙首相曾在记者见面会[平成5年(1993年)8月10日]中明确说到"上一次战争是日本发动的侵略战争"。此外在8月15日的"战殁者追悼仪式"上，更是提到"日本的侵略战争给亚洲各国造成了很大的麻烦"。他在施政演说中对于殖民地统治和侵略行为也明确表达了谢罪的意思。

如此这般明确地承认大日本帝国时期过错的首相，是战后第一位，这本身也是平成的一大特点。这一点在往后一年（1994年）启动的社会党、自民党、先驱新党联合政权也得到了继承，最终促成了平成7年（1995年）8月15日的战后50周年之际发表的"村山谈话"。

这份谈话有着极为厚重的自省内容，一开头便是"自上次大战结束以后已过了50年的岁月。现在再次想到在那场战争中遇难的国内外许多人时，感慨万端"，接着说为了建构如今的和平环境，世界各国向日本提供了许多支援和帮助，向各国表达了谢意，然后就是表明谢罪的内容。

> 我国在不久的过去一段时期，国策有错误，走了战争的道路，使国民陷入存亡的危机，殖民统治和侵略给许多国家，特别是给亚洲各国人民带来了巨大的损害和痛苦。为了避免未来有错误，我就谦虚地接受毫无疑问的这一历史事实，谨此再次表示深刻的反省和由衷的歉意。

这份"村山谈话"是具有意义的，尤其是在针对日本50年前发动的太平洋战争首次公开谢罪这一点上。当然，日本得到了曾经因为侵略而遭受牺牲的国家的一些相应的好评和谅解，这是事实，而村山以后的各任首相也基本都明确表示沿袭"村山谈话"的内容。

❖ 历史修正主义的跋扈

这份谈话是足以说明平成时代特征的一件事，为什么这么说？是因为进入平成时代之后，日本社会非常明显地出现了一些开历史倒车的征兆，也就是所谓"历史修正主义"的风浪。

我开始注意到这一动向是在平成7年（1995年），正是战后50周年之际。我平时会定期在一些文化中心或者市民讲坛作演讲，不光局限在东京，有时还会有机会去札幌、横滨、名古屋等城市。有一次演讲之后，坐在前排的一位青年（听他说话的方式应该是一名跟教育事业有关的人士）举手，问了我这么一个问题：

"1941年12月8日的日军袭击珍珠港，有人说是偷袭，也有人说是侵略，但这些说法难道不奇怪吗？罗斯福通过解读密码已经事先知道了日本会发起进攻，不应该是美国引诱日本发起攻击的吗？所以我觉得说是日本偷袭，太奇怪了。"

我还记得在听到这个说法的第一时间，感觉自己一阵眩晕，这种形容可能有点怪，但当时真的是这种感觉。在此之前，只要是对历史有点兴趣的人是绝对不会说出这种话的，或许在私底下瞎聊天的时候会有这样的说法，但也是半开玩笑地说，在平常的讲座中出现这样的言论，是令人难以置信的。我当时稍微调整了一下呼吸，然后这样回答：

"你这只是看了单方面见解的书之后，对历史作出了符合自己预期的解释而已。你看的那本书（这位青年提了一本书的名字）是第二次世界大战之后美国民主、共和两党对立的时候，一位亲共和党的记者所写的，其实是一本为了攻击罗斯福所写的书。希望你不要以为看了那本书就掌握了历史的真相，希望你能在看了更多的书之后，对历史事实作出客观的判断。"

那位青年当然很不满意，我当时只想表达自己并不想回答他这个问题的意思。然而，这种不舒服的感觉并没有就此消失，在这次提问之后，我碰到提类似问题的情况越

平成史

来越多，就更加觉得不舒服了。此后，在平成9年（1997年），有一个主张编纂新历史教科书的组织成立，后来我才知道，赞同这个组织的主张的人，就是反复提出类似问题的一些人。至此我也终于意识到，针对历史观进行斗争的时代，正跟随着平成时代的脚步同步行进着。

把这群人都称为历史修正主义者的确有点过于主观，但他们身上有一个共通的特点，那就是不去整体地看日本近代史，也不把历史看作一个有机的进程，而是去建构符合自己主观臆断或者只是让自己感到满意的主张，比如"日本没有侵略中国""日军没有做什么残暴行为"等。

接着，在这些主张周围，他们从各处收集只对自己有利的史实，或者难辨真伪的证言，然后说："怎么样？是没有侵略吧！""日本真的没有做坏事！"继续硬撑。我把这种手法称为"历史修正主义"。

类似的把历史进行政治化的团体，原本在世界各国都存在，最有名的是欧洲的一些反犹团体，他们高喊着"不存在奥斯维辛集中营"等口号，可以说跟流氓团体如出一辙。

然后历史修正主义者们还有一个特点，那就是用所谓"自虐史观"的帽子，对客观分析历史的手法进行污名化。

只要你是在认真论证史实的基础之上，做出了日本在那个战争年代的行为与思想的确有应该反省的地方这类结论，那你就是抱有自虐史观。历史修正主义者们就是这样一边挥舞自己的主张大旗，一边对抱持其他历史观的人进行污名化，以此来强调自身的正当性。

除此之外，这样的团体还提出所谓"东京审判史观"（这样的史观到底是否存在，无论是谁都一目了然），批判说是东京审判的逻辑让日本近代史被分为了两段。我们要注意到，"村山谈话"也正是这样的团体（类似"新历史教科书编纂会"这样的组织）之所以会开始引人注目的契机。

❖　"自虐史观"这个词

着重提一下，我在平成 18 年（2006 年）的某本月刊上，写了一篇题为《危险的保守言论的"内情"》的文章，这篇文章之后以《被说成持自虐史观的我》为题收录在我的著作《重读太平洋战争》的文库版中。在那篇文章里我提到，自己难以理解那些能够动不动就使用"自虐史观"一词的人的感觉。

在平成初期，我在某大学讲课，时不时会听到学生半开玩笑地说"老师的脸跟漫画里面越来越像了"之类的话，我一开始还不知道是什么意思，后来才知道一本漫画里面指名道姓批判我，说我持自虐史观。我没看过那本漫画，无法具体地进行反驳，我只知道学生之间在传，说漫画里面我的形象一次比一次贴合我本人。

在那篇《被说成持自虐史观的我》文章中，我提到在演讲等场合，我被一些历史修正主义派的人指责"老师您的想法，属于自虐史观"，我这样写道：

"对于说这类话或者提这类问题的人，我都是回答，'我不是持自虐史观，而是自省史观，用自省和自戒的眼光审视昭和这个时代，从中得出教训，并延续给后世之人'，或者'你们把史实用政治和思想进行切割，这跟左翼的唯物论是互相对照的关系，我根本不在乎'之类的话，把他们硬顶回去。当然这也是我内心的真实想法。"

当然，我保持着这样的姿态走过了平成整个时代，现在甚至未来，我都会坚持这样的姿态。

❖ 小泉纯一郎的话术与设想

平成 13 年（2001 年）4 月诞生的小泉纯一郎内阁，同历代内阁不一样，特别顺利地推进了许多各种各样的争议事项。类似这样的首相的出现已经时隔多年了。说穿了，像这样很善于用"口无遮拦"的态度，将问题进行逐个分解的首相，也是平成时代的天字第一号。而且在此基础之上，我们还可以看到以下特征：

根本不触碰问题的本质，而是将所有现实情况都归拢在自己的理论中，并使得讨论变得单纯。过程不是问题，结论最为重要。

身为政治家的小泉，首先学会的就是这种简单化，此外，他在自民党总裁选举时高喊"毁了自民党"，也可以看出他喜欢显露出一种战斗的姿态。还有，在面临复杂的论理情况，比如伊拉克战争时有关自卫队派遣目的地的问题，被问及目的地是否安全时，他直接略过说"这种事儿我怎么会知道"时的那种无法无天，这些都是小泉身为一名战后派世代（在战后接受教育成长起来的世代的意思）政治家，甚至是一名首相的特质。

可以毫不夸张地说，正是平成这样的时代，孕育了小泉这样全新的政治家。

也可以反过来说，正因为小泉的登场，也给了我们重新审视和评价平成的机会。

小泉出身于三代都是政治家的家族，也可以说他从一开始就注定要从政。原本属于邮政体系出身的小泉，却很早提出邮政民营化的主张，身处自民党内派阀之中，在党内却一直孤独地持续着政治活动。即便如此还能成为首相，实在是因为他的前任森喜朗的表现太糟糕了。作为首相，森喜朗的确不够持重，三番五次说一些令人难以置信的言论，对于财政政策也拿不出明确的方案，没有人气也是理所当然，他在最后阶段的内阁支持率连 10% 都不到。

森喜朗之后的自民党总裁选举中，桥本龙太郎、龟井静香、麻生太郎以及小泉纯一郎四位参与竞争，小泉虽然在党内的支持力量很弱，但他善于不断直接诉诸国民，最终因为压倒性优势的党外人气，坐上了首相之位。

类似这样凭借党外超高人气成为首相的，小泉是第一人。随后，小泉趁热打铁，开始主导所谓"没有禁区的结构性改革"。

小泉首先盯上的是邮政事业民营化，即把三类邮政事业首先向公社移转，并最终交给民营企业的大胆设想。因此，在国会通过邮政公社化关联法案，成了小泉邮政政策的关键，可以说是集中了所有力量在这一件事情上。在之后所谓"邮政解散"❶后的大选中，小泉采取了"摧毁关联法案，等同于摧毁小泉内阁，这是一场最终是自民党摧毁小泉内阁，还是小泉摧毁自民党的战斗"这样的话术，然后他更进一步将议题简化为一句话——"你是赞成还是反对邮政事业民营化"，每到选举，小泉就重复使用这类话术。

小泉内阁维持了四年的时间，其根本原因是他向国民提供了一种"非黑即白"的逻辑，基于这种逻辑的话术和设想，从本质上来说是极为危险的。"要么A，要么B，选

---

❶ 邮政解散：2005 年 7 月，小泉纯一郎推动的邮政民营化关联法案在国会参议院被否决后，小泉纯一郎用首相权力，解散国会众议院提前举行全国大选，并最终取得压倒性胜利。

平成史

A就是自己人,选B就是敌人",是一种单纯的二元对立理论。而且这种二元论,和平时所说的民主主义社会的逻辑之间并不相融。

不如说,这种逻辑,是一种在"战时"才能发挥更大效力的逻辑。

❖ 二元论般的政治领导人

我曾提出过一个观点:小泉在首相任期中的话术和设想,或者他在国会的答辩,和战时的首相东条英机十分类似。他们两者的思维模式都是在甄别敌我的基础之上,将所有不同于我方逻辑的人全部归为敌人。这类话术和诡计,我们在日常生活中使用的话,或许还可能会被认为是有决断力的表现,但在讨论国家政策的时候,这是非常危险的,甚至可以说是接近法西斯主义了。

这种社会体质(也就是动不动就要求对方作出A或者B选择的体质),从1990年代中期之后力量开始壮大,那些被称为"历史修正主义者"的团体也开始效仿那种只要不同意本方观点的人就都冠上"自虐史观"的风气。也可以说，这种风气，事实上也存在于小泉的"二选一"的选择题之中。

这样的二元论政治领导人，在同外国的政治领导人对话的时候是否有好处呢？

据说，平成 14 年（2002 年）6 月的时候，小泉对时任外务省亚大局局长的田中均说，"我打算访问朝鲜，你去告知一下对方"。三个月之后，就以闪电访问的形式访问朝鲜，并同朝鲜的金正日总书记进行了直接谈判，获得了历史性的成果：让朝鲜承认了绑架日本人一事。在原本的外交层面的交涉中，朝鲜始终没有承认绑架的事情，但是小泉提出"即便如此，我也要去"的主张，最终，得到了朝鲜的答复：承认绑架了日本人，其中五人在世、八人已死亡。

最后，五名在世的被绑架者回到了日本，这可能也算是小泉式逻辑所取得的成果。而此前在民调中已经走低的小泉的支持率，也一举得以恢复，根据报社做的调查，支持率甚至超过了 60%。

推动了整个平成中期的小泉式逻辑，不但不能称为民主主义，而且还有一些危险的成分，如前文所述，对敌我进行甄别，给对方贴上"敌对势力""反对势力"之类的标签，对在自民党内对自己有异议的人说出诸如"选举赢了，就听我的"之类的话。但与此同时，小泉对于过去的战争全面承认错误并明确谢罪等，这种面对历史的真挚态度，还有他为了达到自己的目的，努力说服更多的人成为自己的支持者，这一点是值得再多给予一些肯定的。

即便被视作平成的政治家中最具代表性的类型，在小泉身上，也能同时看到战后日本各种不同侧面对他的影响。

❖ 平成的政治家以何为根基

如果把进入平成〔特别是将平成 7 年（1995 年）设定为实质意义上进入平成的年份〕之后的首相排列一下，村山之后，分别是桥本龙太郎、小渊惠三、森喜朗、小泉纯一郎、安倍晋三、福田康夫、麻生太郎、鸠山由纪夫、菅直人、野田佳彦以及再次上台的安倍晋三。看一下这些人名，我马上意识到以下三点：

一、没有一位是官僚出身；

二、二世、三世政治家很多；

三、下台的理由中有很大部分是因为"挫折"。

其中第一点很重要，进入平成之后，官僚出身的政治家只有宫泽喜一一位。这里我们突然意识到，明明在昭和时代，政治在很多时候是以官僚出身的政治家们为中心运作的，但到了平成时代，这一现象就完全消失了。毋庸赘言，"官僚的政治"有其功过两面性，要说它的"功"，可以马上想到其稳妥慎重的一面，而要说到它的"过"，也会马上想到掩盖过失、隐瞒消息、逃避责任等方面。

事实上，在昭和的首相中，就有像佐藤荣作那样，因隐瞒跟美国政府间的冲绳核计划❶从而导致失信于日本国民的例子。

官僚出身的首相少了，也不一定意味着，平成的首相都来自平民，看向国民的目光也不一定就更符合民主主义

---

❶　冲绳核计划：指 1969 年 11 月佐藤荣作和美国就关于在特殊时期允许美国在冲绳武装核武器的秘密协定上签字一事，1994 年曾任佐藤荣作密使的若泉敬在其著作中承认了这件事。

了。如果成了一位更容易受官僚摆布的首相，结果不是反而比官僚出身的首相更糟吗？比如麻生太郎、菅直人、野田佳彦等首相，就被认为可能被官僚给利用了。

而像福田康夫那样，因自己的理念和首相这一职务的边界发生矛盾，从而承担责任提出辞职，被认为是民间出身的首相所具有的特质，但关于这一点，在平成的首相之中还没有固定模式可循，只能视作其个人特质。

这类对于首相的真材实料的探究，未来还会继续下去。进入平成时代，我们对于首相的存在仍未有定见，是因为我们对于什么类型的首相适合这个时代这件事情，还没有什么头绪。但我们首先要明确的是，目前安倍晋三首相能长期执政，只能说明这位首相的水准不够和国民对于政治的关心程度就这么一点点，仅此而已。

说到上述三点之中的第二点，除了菅直人和野田佳彦之外，其他都是二世、三世政治家。虽然他们是曾经在大日本帝国时期，引领整个新生的日本国家的领导者们的子孙，但他们与他们的父辈、祖父辈的政治思想或者政治思维，很多时候并不一致。比如说，正宗的自由主义者鸠山由纪夫跟他的祖父鸠山一郎的政治立场就不相同。如果跟他们的父辈或祖父辈面对面的话，我想他们之间可能还会起争执吧。

看到这样的关系之后我们会知道，在昭和时代当过政治家的人，和继承他们衣钵的人之间，仿佛有一条"会否定自己的先辈"的铁律存在。比如说到吉田茂，我们马上能说出其身上亲英美的体质以及对于日本民族主义的倾向性，还有他高超的个人能力。但是他的外孙麻生太郎则不是这种类型，他更符合富家公子的性格，还有对于贵族式民主主义"东施效颦"般的作风。相较于他的外公，我觉得麻生太郎作为政治家的器量更小，作为人的气魄也更小。

菅直人是以公民运动代表的身份进入到政治世界之中的，这是昭和时代没有的类型。公民运动的领导人成为日本社会的领袖，应该可以说象征着公民权利得以确立，然而公民运动出身的领袖要担负起日本这个国家的重担，不能否认还是一定程度上暴露出了其能力的不足。

昭和的政治家不论是谁都经历过"战争"，并都以此为根基构筑起自己的政治立场。但是平成的政治家需要凭借什么才能说自己有资格做政治家呢？这一点目前还不是很清楚。这其中究竟有怎样的历史体验？只要这一点不被明确，平成这个时代究竟应该以何为根基往前发展，也就无从明确了。

关于这一点，作为平成终结之后的课题，可能需要我们必须作出回答。而这也是所谓"平成的总结"的题中之义。

第四章——

「1995 年」

这个转捩点

❖ 昭和的清算

平成这个时代，对我来说明明是从 50 岁以后才开始的，但提起来，却总是想不出有什么具体的时代印象。

如果提起昭和的话，即便我只有五六岁，还是记得每天父亲出门上班这种太平洋战争之下的一些日常光景。这正是因为"历史的时间"和"自己的时间"在我的印象中合为一体了。所谓记忆，正是在这两者交错之间通过对"现实"的映射，逐渐浮现出来的。

然而从平成这个时空里面，却没有这样的风景浮现出来。我所记住的那些画面本身，已经和一些早期的色彩一起印在记忆之中。我记得很多昭和时候的光景，而平成时候的却没有，毫无疑问，这是我自身年龄变化所导致的心理上的变化。也就是说，我也随着年龄增长而变得不太感性，记忆也都变得凝固，没有办法再生动地浮现出来。

就算我自己发生了这样的变化，但平成与昭和相比，是不是也可以说色彩相对单调，记忆也相对一成不变呢？特别是从平成7年（1995年）到平成10年（1998年）这段时间，这种趋势特别明显。再翻看年表，重新思考一下为什么在这段时间没有发生什么有印象的变化，想着想着就追溯到两件事情上面。

其中一件是平成7年1月17日的阪神淡路大地震，另一件则是这一年3月20日在东京的地铁车厢内发生的奥姆真理教沙林毒气事件。一场天灾、一场人祸集中发生在两个多月的时间里面，可以说这种冲击和心理影响占据了当时的时空。

对于这种心理状态，我在序章中用"灾害史观"的提法谈到过，这里我们可以再度确认，这一史观实际上是支配平成的基轴。还有一点我也在前文谈到过，那就是平成6年村山富市的上台，然后在第二年即平成7年发表了"战后50年的首相谈话"。这份谈话意义重大，甚至可以说是象征着我们国家要将"1995年"作为转捩点，将过去的昭和的"残渣"全部丢弃，从此开启平成新时代的讲话。

这样想来，平成既是名义上（时间轴）的起始点，同时又是实质上"脱离开昭和的日子（或者年份）"，或许可以说，有了这些，平成这个时代才真正开始起步。我甚至觉得这样的理解方式更易懂。

阪神淡路大地震、东京地铁沙林事件之后对于奥姆真理教教主麻原彰晃的逮捕（5月16日），还有自民党、先驱新党和社会党组成的联合政权正式开始施政，这三件事是对昭和的清算，同时也是平成的起点。这之后的十年左右时间，似乎找不到足以载入史册的事件和现象，这样一来，认为平成是拉开帷幕一段时间之后才对昭和进行清算，这种观点反而可能更准确一些。

我将以此为前提推进我的论述，但在此之前必须先针对为什么说这三件事是对昭和的清算，进行一定程度的解释。我们必须搞清楚，是什么让我们能判断昭和已经结束了。

❖ 变了味的青年的反抗姿态

　　阪神淡路大地震，又一次带给日本人对于大自然的恐惧。日本社会自从关东大地震之后，就没有碰上过规模能够大到破坏整个城镇的具有冲击力的灾害，或许这样的放松警惕导致在面对天灾和人祸（这人祸中包括战争等）时，应对出现了问题。而阪神淡路大地震可以说再次教育了人们天灾的残酷。

　　阪神淡路大地震毫无疑问让人们认识到又进入了地震活跃期。然而，由于整个昭和时代都没有类似的体验，所以它的发生给了我们非常多的教训。这种冲击可以说一直在持续，直到平成二十三年（2011 年）的东日本大地震，发出了更强大的信号。而另一方面，奥姆真理教事件特别在思想、宗教和社会层面给人们产生冲击，为什么可以算作对昭和的清算，也是我们必须思考的。

　　在昭和时代，人们信奉着一点：无论在什么时代，青年始终会对既定的秩序进行反抗，这种反抗是时代移转时类似仪式一样的东西。尤其作为昭和时期的特征，这种反抗往往会异化成一种政治性的反抗。而默认这些反抗也是成年人的一种智慧。然而，当这种反抗和暴力发生联动，并对社会秩序形成挑战时，警察当局便进行了彻底的镇压。或许因为镇压过于激烈，抑或是即便进行政治性的反抗也失去了原来的目标，因此成了为反抗而反抗。

或许是青年们最终看透了政治性反抗的虚空和无力。而这也可以说反映在了奥姆真理教的方方面面。从昭和结束迎来平成的过程中，在政治运动中受挫的青年们丧失目标的心理状态，使他们转向一些超自然的神秘宗教，我们也可以把他们的行动当作一种借宗教之名发泄心中愤懑的行为。

我认为，我们完全可以把奥姆真理教事件视为青年们抵抗与反弹的能量在遭受到挫折后，被宗教给吸收了之后的结果。

这么看起来的话，青年们反抗的姿态变味了，在昭和时代，反抗的形态主要是反体制，而平成时代反体制的动向可以说是全面开花，到最后宗教成了这些行动的中心。

在平成这个时空里，昭和反体制运动的危害都一一展现，对此感受到威胁的不光是警备当局，还包括平成的整个庶民阶层，对于奥姆真理教的恐惧情绪迅速在老百姓之中传开就是最好的明证，就如同昭和时代的抵抗运动一样，没有得到老百姓的丝毫同情。

❖　奥姆真理教事件到底是怎么回事？

进入平成时代之后，我仍继续以自己的方式对昭和史的事件、现象或者实情进行调查和采访。另一方面，在昭和末期那段时间，我开始在东京和北海道的私立大学授课。虽然在那之前我有过几次在大学做演讲的经历，但按照固定的课程进行授课，使我受益匪浅。

在东京的私立大学讲课期间，有一天我上完课，急着回家，正往车站走的时候，突然有人叫住了我。这个人说是我的学生，但一百多个学生我不是每个人长什么样子都记得的。这个男学生给了我一张传单，说"我想跟老师您解释一下"。我跟他说我赶时间，但他还是很执着。我稍微瞟了一眼传单的内容，才知道这个学生跟奥姆真理教有关。

传单上写着"现在，我们正遭受着宗教迫害""战前那种特高警察❶一般的时代来临"之类扎眼的文字。传单想表达的意思是说，奥姆真理教不仅被视作不安定团体而遭受着监视，那些社会上发生的未被厘清的事件也"甩锅"给了奥姆真理教。我内心想着这真是一个跟奥姆真理教有牵连的学生吗？但嘴上回答说"不感兴趣"，他最后放弃并走开了。

在那之后，我还收到过两三次类似说奥姆真理教受到宗教迫害之类的内容的传单，我都没有理会，心想可能他们内部有专门负责说服作家和评论家的团队，或许他们想着让我这种写过昭和史著作的人加入进去，发挥一些指控社会对他们迫害的作用吧，但对我来说当时真的一点兴趣都没有。从平成5年（1993年）、6年那段

---

❶ 特高警察：日本在战前设置的秘密警察，主要用于侦察取缔国内的无政府主义者、共产主义者，1945年被废止。

时间开始，在电视等媒体上，人们开始频繁地听到和看到这个团体的名字了。

现在想来，奥姆真理教事件是平成时代里最没有人性的案件。为什么会出现这样的团体？对原因的剖析也是观察平成这个时代时必须要做的功课。在昭和 40 年代学生运动的鼎盛时期（即所谓 70 年安保时代❶），几乎所有学生都以某种形式参与到了对抗社会的运动之中，这也像是学生的某种特权一般。而在当时，学生运动已经处于被警备当局连根拔除的状态了。

与其说是镇压，不如说是抗议行为本身因触犯到了法律而最终停息了。

在当时那种状态之下，我采访了一位接近警备当局负责人地位的人，他很认真地说了一句话，"如果对学生运动镇压得太彻底的话，那青年人的能量反而会转到奇怪的方向去"，我当时没有意识到这句话的分量，但在奥姆真理教事件越来越严重之后，我开始理解这句话的意义。在

---

❶ 70 年安保时代：1960 年签署生效的《新日美安保条约》10 年到期，为阻止其自动延长而重又兴起社会运动。1970 年安保斗争又称第二次安保斗争。

转到奇怪的方向之后，青年人反抗的能量本身逐渐消失殆尽，而社会也会陷入到停滞的状况。

这里先说一下我的结论。我感到奥姆真理教事件正成为连接昭和和平成的一条隧道，这个事件本身具有"既像个句号，又不像个句号"的两面性。青年对于社会改革的能量从政治转向了宗教，至于为什么会这样，从政治角度来看，这里面包含着社会主义体制在世界一些国家瓦解，导致政治改革的目标本身消失了的因素。

奥姆真理教事件可以说真实反映了这样的时代潮流。再补充一点的话，那就是为了实现自己描绘的理想社会，可以毫无顾忌地去杀人。这一点在1960年的安保斗争时期是完全没有的，我属于当时那个世代，也反对岸信介内阁修改安保法案，但当时根本无法想象杀害与自己敌对的人，当时有一种即便是采取政治行动也不允许杀人的朴素的人道主义。正因为这一立场，我也对70年安保时代有着强烈的不满。以内部斗争为名杀害跟自己敌对的人，对于镇压和不当逮捕不仅表达抗议，甚至还杀害政府官员和警察，当时产生了一种不把这些暴力当一回事儿的气氛。

从青年人的抗议这个角度看，奥姆真理教事件就处于上述这个气氛的延长线上，而且不但不把杀人当一回事儿，还有着把杀人本身作为其目的的特征。对奥姆真理教进行过详细追踪的记者江川绍子在她的著作（书名为《奥姆真理教事件为何会发生——灵魂的囚徒》）中写道，"只要有教祖（麻原彰晃）的指示，即便是杀人行为，也会被称为'破瓦'并予以肯定。所谓'破瓦'，在教团内部，主要在表达将灵魂带往更高层次世界的意思时使用"，并导出以下结论：

"支撑这种为达目的不择手段的做法的观念，是一种善恶二元论。他们认为自己的目的是超越任何价值观念而绝对正确的，反对者都是绝对错误的。教祖所说的话，被他们视为超越了一般人善恶标准的绝对的'善'和'真理'。"

也就是说，在昭和的政治运动中，青年人的抗议运动并不以"指导者"为依归，而是以思想、理论还有伦理为依归，这些也称为运动本身的力量源泉。而在奥姆真理教事件中，其力量源泉则隐藏在指导者的一举手一投足，或者一言一行之中。

❖ 王国内部的暴力装置

翻看奥姆真理教事件相关的年表可以发现，麻原彰晃（本名：松本智津夫）创立奥姆真理教的前身"奥姆神仙会"的时间是昭和 59 年（1984 年），也就是说，它诞生于 70 年安保时代的政治运动几乎已经完全销声匿迹的时候。一开始是以举行超能力讲座的形式出现的，到了昭和 62 年（1987 年），改名为奥姆真理教，开始扩大活动。

根据江川整理的年表内容显示，有"喝麻原血的所谓'血之入会'仪式，一个人要 100 万日元"，总之像一个一直重复奇怪仪式的团体，据说到了昭和 63 年 11 月左右，信徒达到了三千人。进入平成之后信徒继续增加。奥姆真理教事件发生之后，包括信徒所写的在内，总共有几十本相关书籍出版，这里面有一本是教团里负责外宣工作的上祐史浩写的《奥姆事件 第 17 年的告白》，在这本书中，上祐回顾了当年加入奥姆神仙会时的情景，对于自己的入会理由，他说："动机很单纯，从以前开始就对超能力和超常现象有关注，对瑜伽也有兴趣。"他还回顾说，自己从小时候就被神秘主义所吸引，有夸大妄想的倾向。

根据上祐的描述，奥姆真理教的戒律非常严格，他们规定"禁烟禁酒，禁止暴食，禁止肉食，一天只吃一到两餐，在家的信徒可以有性行为，出家的信徒则禁止性行为，严禁不伦恋，禁止睡懒觉，提倡少睡，多做侍奉和积德的行为"，他们认为只要坚持这样的生活，身体状况就会安定，身心都会得到净化，据说"有被引导获取神秘体验的洗脑效果"。

在这种心理状态中，是不是就含有麻原所谓的"破瓦"的思想呢？

从相关联的奥姆真理教事件可以发现，该教萌芽于昭和时代，进入平成之后就制造了一起又一起的案件。平成元年（1989 年）2 月，由于不满一位信徒提出要退出，其他四个信徒就把他掐死，并且烧了尸体，即所谓"田口事件"。这个奇怪的宗教团体表面上戒律森严，而背地里却开始变为了会杀害敌对者的团体。

据说信徒中有很多是二三十岁的年轻人，他们中的一些人的父母希望自己的孩子能够退出，就去找了律师商量，导致给出了建议的坂本堤律师一家也被杀害，这是平成元年11月的事情。针对这个事件，教团干部们召开记者会并矢口否认。

在这之后，还发生了以麻原为首的教团干部参加众议员选举、教团干部在熊本县购买土地却因为违反森林法而被逮捕等事情。麻原上电视节目，去东京大学、京都大学做演讲，以宗教家的身份逐渐变得有名起来。而教团内部则逐渐变成一个独立王国，设置了大藏省、科学技术省、建设省、外务省等部门，塑造着一个模拟的国家。不知道是麻原的"开示"起了作用，还是科学家和医生等接受过高等教育的人在那里获得了智识上的满足，总之有一小撮知识分子也加入了进去。而他们的知识就这样发展成了对沙林毒气的研究开发。

要塑造这样的王国，其内部就自然会有用于惩处违反规则的人的机构。据说在内部发生了好几桩杀人案。平成5年（1993年）他们准备在山梨县正式构筑自己的王国，在那里进行着毒气研究、手枪制造、重要人士的暗杀计划等，开始一个接一个制造自己的王国里的"暴力装置"。毫无疑问，这样的行为势必会引来外界相应的更多关注，于是这个团体的双重性变得更强了。平成6年（1994年）6月，麻原指示，向长野县松本市的法院抛撒沙林毒气，制造了所谓"松本沙林毒气事件"（当时造成 7 人死亡）。

奥姆真理教的成员和其支持者们，对社会上认为事件是奥姆真理教所为的指责，表示出了强烈的抵抗，他们主张奥姆真理教是被冤枉的。就这样，最终制造了平成 7 年（1995 年）3 月 20 日的东京地铁沙林毒气事件。这个事件的直接参与者一共 5 人，其中甚至有庆应大学医学部出身的医生（据说在教团内部担任所谓治疗省大臣）。他在法庭发表证词时说，"以我的想象，麻原和奥姆真理教就如同释迦牟尼和他的教团的现代版。如果对教团内部进行强制搜查，那就有可能会遭到毁灭，我觉得我必须保卫真理"，为此他接受了在地铁里撒毒的任务。他当时认为，"为了真理"，这些都是理所应当的。

奥姆真理教事件的结局是平成 7 年 5 月 16 日麻原等教团主要干部被捕，此后，组织活动逐渐沉寂下去。平成 7 年 5 月，是阪神淡路大地震发生四个月以后。这一年从各种意义上来说，都有一种昭和色彩逐渐消失、平成的空气被酝酿成型的感觉，但无论如何，随着麻原等人的被捕，这个名为奥姆真理教的宗教团体的命脉也被斩断了。

❖ 平成最大的教训

奥姆真理教制造的东京地铁沙林毒气事件，跟两个月之前的阪神淡路大地震之间有着怎样的关系呢？或者说要如何解释这两者之间的关系，才是对平成这个时代所做的注解呢？当然有人会觉得这只是一种巧合，但我不这么认为。沙林毒气事件或许可以说是由自然灾害所产生的史观（也可以说是人生观）的一种补充，这是我的见解。

阪神淡路大地震发生两周之后，我在日本广播协会（NHK）的某个教育节目里，以特派员的身份进入神户，观察这个城市受到何种伤害，有没有开始重建工作。灾区建筑物的倒塌情况以及人们茫然的表情我至今难以忘怀，但最令我震惊的是参与重建工作的人们的表情，其实大家都心知肚明，当遭受到非常彻底的破坏后，人的表情反而会变得非常淡然。

以我自己的真实体验来说，如前文所述，大地震把所有有形之物尽数摧毁，这意味着不管是我们兢兢业业造出来的东西，还是我们目之所至的一切，在大自然的巨大力量面前瞬间崩塌。这种虚无感在关东大地震时就曾显现过。这份虚无感一直延续到了昭和时代，摩登文化等先进的都市文化、昭和大恐慌时期的自杀潮（在昭和 7 年到 8 年这段时间，跳进伊豆大岛三原山火山喷发口的自杀行为异常增多）等就是这种虚无感的表现。

为了守护自己的"真理"，为了对抗司法机关的意志，才做出了去地铁撒毒气的行为，即便处死一切敌对者或者不听话的人，都会被奥姆真理教的信徒正当化，这种心理本身可以说就是灾害史观。这种灾害史观是平成时代独有的特征。昭和的伤痛，即便是因"战争"这个人祸而产生的，也可以说衍生出了另一种跟前文所述不一样的灾害史观。

在信息封闭空间里，只要造一个谣，这个空间就会自我繁殖新的谣言，并发展成令人难以置信的行为。

关东大地震的时候，在日本社会这个信息封闭空间里，如果传播"朝鲜人在井里投毒了"这类毫无根据的谣言，就会滋生出一群会做出残忍行为的人，结果就是一系列的屠杀。这种灾害史观，在阪神淡路大地震的时候没有看到在普通社会中发生过，我以特派员身份去到神户的时候，也完全没看到过这样基于谣言的行为。

也就是说，关东大地震时的灾害史观，即信息封闭空间所特有的残忍行为，并非日本人国民性格中的沉疴宿疾，而是告诉了我们信息封闭空间的恐怖，而奥姆真理教可以说又一次让我们看到了这种恐怖。我甚至要说，这就是"平成最大的教训"了。

记者江川绍子在她的书中指出，"不只是信息被管控的封闭性组织，哪怕是在自由的民主主义社会，人们也不一定时常能自由作出选择"，说的就是这么回事儿。

我从奥姆真理教事件中看到现代社会的病根，但这份关注本身并不具备历史层面的延展性，它只是帮我们确认了一个深刻教训，即这样的宗教团体的封闭性，会牵扯到重大犯罪。

平成 30 年（2018 年）7 月 6 日和 26 日，对这个宗教团体的首领麻原彰晃和其他干部共 7 人，以及沙林毒气事件直接参与者和其他干部共 6 人，分别执行了死刑。对这 13 名死刑犯的行刑，似乎有"平成的事件要在平成时代解决"的国家意志在里面。

❖ 机械文明进入极致的入口

战后 50 年的平成 7 年发表的村山谈话，关于其本质，前文已经记述过了，是 55 年体制下的执政党和在野党，以"野合"的形式掌握了权力之后的结果。说得通俗一点，昭和的政治，是执政党和在野党一边在台面下进行沟通，一边在台面上进行政治表演。民众对于政治的信赖可以说跌到了谷底。

说老实话，在这个时刻，昭和的政治已经死了。我们在平成 7 年、8 年的阶段完全没有这个意识，现在，值此平成即将结束之际，我们观察从那时开始的政治样态，可以说昭和的政治已经变得淡薄，而平成那种没有生机、失去了激烈和严峻、阴沉浑浊的政治从那时开始了。

再附加一点，平成 7 年还出现了另一个现象。因为"Windows 95"的发售，文化的气质发生了巨大改变。互联网在日本社会的普及程度获得大幅度提升的原因，正是因为 Windows 95 的发售。通过利用互联网，写文章的方式发生了巨大变化，此外，互联网也能让人迅速满足自己对于知识的渴求，想要知道什么事情，只需鼠标轻轻一点。

加之手机也逐渐普及，围绕我们的生活的环境发生了极大变化，因为这些变化，人们的意识也发生了改变，另一方面，对于电脑和电子游戏的依赖也日益增多。

这么看下来，或许可以说，"1995 年"是日本历史上机械文明逐渐到达极致层级的入口吧。

❖　亲身学习到战后民主主义的领导人们

平成时代实质上起始于 1995 年，此后近 10 年时间，在前文所述的三个事件（阪神淡路大地震、奥姆真理教事件、自社先联合政权）的基础之上，社会的变化加速了。在这10 年时间里，担任首相的分别是村山富市、桥本龙太郎、小渊惠三、森喜朗和小泉纯一郎。除了村山之外，每个人都生于昭和 10 年之后。太平洋战争结束的时候，他们要么是小学生，要么还是学龄前儿童。他们这批人也可以称为亲身学习到战后民主主义的一代。

战后民主主义，实际上由两个支柱构成，一个支柱是对于军事的彻底批判，还有一个支柱是对于美式民主的信奉。这两个支柱支撑着的战后民主主义，即便互相之间还有些差别，但每一位首相基本都继承了。我从年龄上来讲和他们算是同龄人，所以即便他们属于自民党，我对于他们的发言仍然抱有相应的信赖感（不过森喜朗首相有关"日本是神之国"的发言展现出的漏洞百出的思维，还是让我感到了惊愕）。

小泉首相在战后60周年发表的"总理大臣谈话"，我就特别容易理解并认同。谈话中具体地谈及了对于战争的反省，比如，谈话中有这么一段，"我国在过去，曾通过殖民统治和侵略，给许多国家，尤其是亚洲各国的人民造成了重大的损害和痛苦，我们将谦虚地接受这些历史事实，再度表明深切地反省和发自内心的道歉之情，同时谨向上一次大战中，国内外的所有牺牲者表达哀悼之意"，这段话可以说是真挚地表达了对于战后民主主义的理解了。

这次谈话发表于平成17年（2005年），是平成7年之后的第 10 个年头。实际上这次谈话的内容表明，这 10 年时间（即村山富市到小泉纯一郎这 10 年间的意思），在政治上，可以说战后民主主义得到了守护。也就是说，平成 10 年之后的时期，没有发生什么大的事件和现象，表面看上去时间只是静静流淌，而在看不见的地表之下发生着变化的预兆。

说多一点，平成这段时期最为重要的问题，实际上藏在了表面看似平静的时代发展变化之中。再补充一点，平成的政治，至少到小泉任首相这段时间，对于此后发生的一些会让人看傻的事情（主要指第二次安倍内阁），还处于匪夷所思或者说没有显现化的平衡状态。

❖ 平成的生死观

平成 9 年（1997 年）6 月"脏器移植相关法律"（一般称为脏器移植法）获得众议院的通过，正式开始实施是在当年的 10 月 16 日。这部法律的主要内容是承认脑死亡，允许从脑死亡状态的身体中取出脏器，提供给等待移植的患者。这个问题从昭和末期那段时间开始，在医疗界、宗教界甚至政治的世界里，都被讨论过好几次。日本对于脑死亡问题最为慎重，国民中对于将脑死亡阶段认定为真正的"死"，有着非常严重的踌躇。

我在那个时候，也对于医学和医疗，就几个主题展开了具体的调研，还出版了几本和医学有关的著作（《大学医学部》《脏器移植和日本人》等）。针对承认脑死亡并推动脏器移植和反对承认脑死亡（同时也反对脏器移植）两种主张我都有所关注，听取了很多专家的意见，也在电视上表达过我自己的意见。

这个问题讨论到后面，就指向"死到底是怎么样的状态"这个问题上。如果要补充说明的话，在战前和战时的日本，人命轻于鸿毛。在军事指挥者们身上，完全感受不到他们对人命的责任感，在军队内部有"你们的命只值一钱五厘（作者注：当时一张征兵明信片的费用）"的说法。但是到了战后，日本社会开始变得尊重人的生命，在谈论起生命的时候，会有类似"哪怕只有一分一秒，也要延续生命"这样的理解，也就是从一个极端走向了另一个极端。

脏器移植法案获得通过之前，日本社会正如前文所述，以"不认可脑死亡为死亡"为前提，开展了不知多少次讨论。我在这个讨论的过程中意识到，这其实是在拷问我们如何看待安乐死、自尊死，或者现代医疗中续命手段的本质。

判定脑死亡的基准（厚生省脑死亡研究班于1985年制定的基准，由于主任研究官是杏林大学的竹内一夫教授，也被称为"竹内基准"），要严格符合六大条件。其中有诸如深度昏睡、自主呼吸消失、瞳孔扩大、脑干反射消失等，几乎涵盖所有器官的衰竭，这个基准比此前的心脏死亡三症候（心跳停止、呼吸停止、瞳孔放大）要严密得多。脑死亡是心脏死亡之前的阶段，即便处于脑死亡状态身体也存有余温，不是遗体的感觉。不过，因为处于脑干反射消失的状态，起死回生的可能性几乎为零。

❖ 续命医疗的本质

在这样的前提下，脑死亡是否应该认定为死亡被一直讨论着，在医生群体内部，有诸如东京女子医科大学名誉教授太田和夫（已故）等，他们从推动脏器移植的角度出发，主张应该考虑到如果认可脑死亡的话，不知道能救多少等待着脏器移植的患者的性命。毫无疑问，心脏外科的医生们绝大多数赞成这种意见。但是反对派的医生则提出"脑死亡认定如果出错怎么办？不能简单将脑死亡和死亡画等号"。

当然，反对派的医生们则说，日本的医学医疗处在一种威权体系之下，对于此类先进医疗理念的引入，日本必须慎之又慎。

我在当时，和前文所说的太田教授曾在 NHK 的新闻节目里进行过讨论。太田教授是"脑死亡"和"脏器移植"的推进派，而我最终选择站在了慎重派一方。在讨论过程中，太田教授对我说："保阪先生现在虽然是慎重派，但如果某天你自己成了必须接受肾脏移植的患者，就会变成推进派的。"我当时只能苦笑而已。

但他说的这句话我还是一直记到现在，直到如今我也在反复问自己，如果那样，是不是要去等待移植？但始终没办法轻易得出答案。

在这场关于脑死亡和脏器移植的社会大讨论中，我通过新闻报道发了言，那是因为我在此过程中结识了某位人物。这位人物就是东京浅草寺的贯首（住持），同时也是一名内科医生的大森亮雅。或许因为他既是佛教徒又是医生的特殊立场，大森几次被推荐进入这类的审议会，但是他本人最终却没有站到那边去。

他断言说，即使到了平成时代，医学看似昌明，但日本人的生死观念不会改变，脑死亡和脏器移植与日本文化不相契合。在讨论脑死亡问题的这段时期，每当到了差不多要得出结论的时候，就会撞上"日本社会如何看待死亡"这面墙，也可以说奥姆真理教制造的东京地铁沙林毒气事件，让社会对于这个问题的重视程度有所增加，但对于"死"的思考方法，可以说从各个方面来讲都是以昭和作为反面教材的。

昭和的生死观非常清楚地分成两部分：昭和前期的时候，正如前文所描述的那样，人民被国家要求献出自己的生命，甚至变成一种理所当然；而到了昭和后期，又因为对过去的反弹，认为"生命比任何价值都要高尚"，在这两种极端之间的摆荡中，人们开始追问平成的生死观到底应该是怎么样的。

这个问题的本质在于，在生命是高贵的这一前提下，使用医疗器械一味地试图延续生命的举动，是不是正确的。在医疗现场，有时会出现所谓"意大利面综合征"的情况，即为了打点滴和输营养液，把几乎所有机器都安在了病人的身体上，病人全身布满了各种导管和管线的情况。为了延续生命不惜做到这种程度，只不过是把对于生命的尊重体现在了对"时间"的拉长上，无论如何都要防止心脏死亡的状态出现。而这就是续命医疗的本质。

❖ 无人送终情况下的死

和上述这种生死观相反，在医疗现场，临终关怀开始逐步走向台前。临终关怀也被称为和缓疗养，被视为追求"生命质量"的一环。所谓"追求高质量生命"，即在已经知晓自己剩余寿命的情况下，不去一味延长寿命本身，而是自然地接受死亡。随着生活水准的逐步提高，有这样想法的人也有所增多。

可以说这种思考方向最终连接到了接受安乐死的想法。安乐死即不进行续命治疗，保持患者内心的平静，让其临终的时候以非常自然的方式结束自己的生命。

在平成的这个时期，我写了一本名为《安乐死与尊严死——医疗中的生与死》（讲谈社现代新书）的书。而在国际社会上，一方面如美国的加州和荷兰等地积极认可安乐死制度，不仅是医疗第一线人员，患者对安乐死的权利的讨论也开始慢慢多了起来。另一方面，一些从事残障人士社会运动的人们则强烈批判说，可能会出现安乐死被糊里糊涂认可的情况，而这又有可能牵涉到"抛弃弱者"情况的出现，有人担心，这种论调会最终牵扯到在老龄化社会之下舍弃老年人的情况。

针对厌恶续命，希望有尊严地死去的人逐渐增多的现实，我在前文所说的著书中写了这么一段话：

"现在，加入日本尊严死协会的人群年龄层，根据协会事务局的说法，不但60岁以上的人很多，而且40多岁、50多岁的人也在增多。基本上，当下正好来到老龄化社会入口的时代，或者说属于这个范畴里面的年龄层的人居多。因为这些人不但开始意识到死亡离自己越来越近，同时也在这个年龄见识了很多他人的死亡，他们通过这些亲身经历，确立了自己的生死观。"

这意味着，到了平成这个时代，人们觉得应该凭借自身的伦理观和生死观来决定自己的生命。

我认为这是平成的时代特征，也可以说平成克服了昭和的生死观。再补充一点的话，平成后半段的 10 年时间里，日本彻底进入老龄化社会，这个时候老人的孤独死现象成了社会问题，现在我手边没有相关的统计资料，但每次报纸报道这类孤独死的事情时，都以一种非常不幸、好可怜之类的口吻在谈这些事。当然，如果以日本的大家族主义为前提来看的话，"无人送终情况下的死"的确很不幸，很可怜，但能不能这样单方面就认定幸或不幸，这也可以说是平成这个时代迫使我们回答的问题。

❖ 给时代画出辅助线的西部迈的自裁

今后我们在思考平成这个时代的时候，一定要注意到，昭和时代有两套生死观，它们一同推动了时代前进这一事实。

一个是在太平洋战争发生前和战时所能看到的"臣民的生命轻于鸿毛"的事实，还有一个是"生命能多延长一秒是一秒"的教训。作为对于战时生命"轻于鸿毛"的反弹，战后生死观的主要框架是让心脏保持跳动，哪怕是多一分钟甚至一秒钟的生命延长主义。在医疗现场就真的变成了这样。

与此相对抗的，安乐死和尊严死等想法在平成时代一点点浮出表面。不把死亡仅仅用生命获得多久的延续来看待，生命只有伴随着生存的真实感觉时才叫生命，如果不可能感受到这种生存感觉的话，那么生存就没有任何意义，这种向着"追求生存质量的时代"的变化，是希望尊严死的人们的基本想法。

然而，还有一种死法连医疗中的死亡都否定，认为"死"必须由自己的意志说了算。这就不仅仅是所谓自我了断或者自杀了，而是被称为"自裁死亡"的死法。

时光流逝，平成30年（2018年）1月21日，评论家西部迈跳入多摩川，结束了自己的生命，他这几年在著作中明确表示过自己将会选择自裁，他认为比起在医院迎接自己的死期，他情愿以自己的方法一个人赴死。"人的一生，一个人来一个人走，除此之外不会留下任何东西"，在被这种虚无感侵袭之下，他在自己最后的著作（《保守的遗言——JAP.COM 衰灭的状况》）中写下了这句话。

很巧的是，我在中学时代因为要去外地上学，有那么几年时间和西部在火车或地铁里一边聊天一边去学校的经历，因此和他有特殊的感情。在那之后十几年时间里完全断了联系，后来西部成了东京大学教授，而我做了纪实文学作家，结果因为负责我们出版的编辑是同一个人，因此又重新恢复了联系。

我和他虽然在政治和思想上立场不同，但一直保持着交流人生观和生死观问题的联系。说来有些伤感，我在高中时代认为："人有生的欲望，但是能够通过理性来抑制这种欲望，这不正是人之所以为人的理由吗？"并一度沉迷于阅读叔本华和阿兰（《宗教论》）等人的书籍，仔细想来这都是受了中学时期跟西部对话的影响。

关于西部的自裁死亡，我的观点跟社会上所谈论的内容完全不一样。我认为他的死给平成这个时代画了一条辅助线，即在固化的道德观念、看似稳定的生死观以及他个人的历史观和人生观等方面，他用自己的行动做注解给我们看。应该说西部的死起到了这样的作用。

明治36年（1903年）在日光的华严瀑布写下人生"不可解"后死去的第一高等学校学生——16岁的藤村操；昭和2年（1927年）在给朋友的心中写道"只感到隐隐的不安"，预感到军事时代的芥川龙之介；昭和24年（1949年）高喊"契约是最大的美德"死去的光俱乐部❶的山崎晃嗣；昭和45年（1970年）和自己创建的楯之会❷的会员一起，声称"战后捏着鼻子走了太久"，对战后的天皇及体制提出异议并最后死去的作家三岛由纪夫，不管这些人自己的意志究竟如何，他们的自杀给时代画出了辅助线。

我认为西部是第五个起到了给时代画辅助线作用的人，这条辅助线横跨了昭和与平成两个时代，通过这样的分析，我们才能和西部一同向"平成这个时代"进行告别。

---

❶ 光俱乐部：1948年由一群名校大学生成立的民间借贷公司。
❷ 楯之会：由作家三岛由纪夫在1968年组建的民间防卫组织。

❖ "员工们没有错"

再度翻看年表就会发现，如果以平成 7 年（1995 年）为实质性的平成初始来看，从那个时候开始世代的基轴就在一点点发生变化。在此之前的日本社会，退休之前一直待在同一家公司，在那里结束自己的职业人生，是一件理所当然的事情。频繁跳槽的人不但会被认为没有忍耐力，而且还会被当作忘恩负义之人进而失去周围人的信任，这是日本这个国家的风土人情。

能忍耐的人，才是合格的商务人士。这种说法之中所包含的"美德"的标准是很明确的，尤其金融领域更是如此。但是这种"美德"随着"劳动市场的流动化"这些语言的出现，也逐步开始消失。这种现象说白了，就是从"共同社会"转向"利益社会"这种理所当然的转变渐渐成为了全社会的共通规则。

平成 9 年（1997 年）11 月，有两家知名企业倒闭了。

一家是北海道拓殖银行，简称拓银的这家银行在北海道有着相当强的实力。另一家是四大证券之一的山一证券，山一证券宣布倒闭时，社长野泽正平亲自召开记者会，一边痛哭一边大喊"员工们没有错"，这句话本身也成了宣告企业社会即将开启新道德观念时代的一句话。

拓银在昭和晚期的泡沫经济时期，始终积极投资房地产，当然不仅是拓银，多数民间银行都大量投资房地产。我不是经济方面的专家，对于拓银倒闭的中间过程了解得不是很详细。但据说是其在房地产投资过程中，由于战略部署不及时，不得不设定极端不利的担保条件所致。不仅如此，拓银提供金融支持的企业的经营情况也不是很好，旅游业、酒店业等也一个接一个进入亏损状态，致使银行手中的不良债权如雪球般越滚越大。

据说大藏省❶在对拓银经营情况进行检查时也指出过融资过于草率和经营不规范等问题，进入平成5年、6年之后，拓银经营出现危机的传闻在外界已经传开了。传言的扩散

---

❶ 大藏省：从明治维新时代延续到2001年的日本中央政府机构，负责日本的金融和财政政策，2001年日本中央政府组织架构调整，大藏省被改编为财务省，其金融职能部门被改编为金融厅。

对于银行来说无异于致命打击，不论是个人客户还是公司客户，纷纷挤兑存款、解除合约。

拓银也和几家金融公司沟通过合并与合作的可能性，但最终都以失败告终。

拓银的倒闭可以从两个方面分析。第一，在泡沫经济时期过度投资房地产，对于新创企业的融资等过于草率，最终必须担负起自身经营上的责任。第二，拓银员工中存在着对于自身是大型金融机构的骄傲，这种骄傲在沟通合并等情况时会让他们放不下身段，因此最终没有找到好的解决办法。

毫无疑问，拓银的倒闭，银行管理层的经营方式是最应该问责的，但是，或许在拓银员工中间有一种大型金融机构是不会倒的，这样的时代不会到来的错觉吧。这些因素交织在一道，才最终导致了拓银的悲剧。

❖ 泡沫经济期的意识

在昭和时代，银行、证券公司等所谓大型金融机构是被人们认为不会倒闭的。担负起日本高速成长的正是这些金融机构，这些金融机构里也明显集中了很多优秀的人才。因此对于和拓银几乎同一时期倒闭的山一证券，说老实话，谁也没料到它会真的倒闭。

乘着泡沫经济的东风一度取得过很好的经营成果，不仅是山一证券，其他大型证券公司也都一样。那为何就山一证券倒了呢？因为随着泡沫经济的破灭，需要动用庞大的资金来填补损失。根据经济记者提供的证言，原本山一证券对于募集来的资金运用非常混乱，一直用拆东墙补西墙的办法保持着一定的资金收益，一旦泡沫经济破灭，最终就形成不停隐瞒损失的恶性循环。

"社长一边哭一边说员工们没有错，这句话从某种程度上来说也没错，毕竟他们采用了一种赌博式的经营方法：即使隐瞒损失或者资金运用失败，但只要公司股价上去了，就能赚回来。回顾一下他们倒闭的整个过程，可以发现根本原因是这种证券公司的古老体制已经到头了。"

在山一证券内部能听到上面这样的声音。据说没有记在账面上的损失金额接近3000亿日元，公司组织制度上的问题也根深蒂固。当然，其他金融机构应该也有差不多的情况，但没有最终表现出来，或者说可能真的有方法能够让这些问题不浮上台面。从这一点来看，拓银和山一证券满足于自身企业规模，而轻视了重新评估自身体制的必要性。

两家知名企业同时倒闭，对于这样的平成重大事件，我们应该首先予以思考，这实际上意味着"白领是轻松营生"的时代宣告结束，白领也有必要进行思想观念的改革。

对山一证券来说，有约7500名员工必须重新找工作，当时的社长含泪大喊"员工们没有错"也有为员工打开再就业道路的目的。这里需要提及的是，山一证券在昭和40年（1965年）的证券业不景气时，接受了280亿日元的日本银行特别融资，最终免于倒闭。有说法称，正是因为有了这个经验，山一证券产生了到了关键时刻国家会来帮忙的意识，而这成了最后倒闭的导火索。

谈到泡沫经济时期企业经营的特质，我们看证券市场的话，他们有一种始终乐观地觉得股价会一直上涨，但又完全不去考虑社会关心的内部丑闻的公开和资讯透明的问题的特点。

说起泡沫经济时期的特征，不仅仅是经济社会的热火朝天，同时也伴随着社会意识的变化。山一证券的管理层习惯性地隐瞒损失，可能也是出于股价会接近永恒地持续上涨，自己能够永远得到好处的泡沫经济时期的意识。中间还夹杂在了即便企业业绩下降了，国家也会来救自己的这种过于想当然的想法。这种结构从企业扩展到了日本社会的方方面面，并逐渐离自省、自戒乃至禁欲的生活等观念越来越遥远了。当时，甚至还听到过日本终有一天会成为比美国还强大的经济大国等毫无根据的盲目自信。

❖ 经济大国这个空喊的口号

让我们大致看一下泡沫经济破灭以后日本的发展道路。平成 2 年（1990 年）的泡沫经济破灭，让更为严重的后遗症从平成 10 年（1998 年）开始显现出来，日经平均股票指数从平成元年 12 月 29 日的 38915 日元高点急转下跌，在泡沫时期真实推动房地产投资的金融机构随着土地价格下跌而背负不良债权，最终走向了倒闭，其中首当其冲的正是前文所说的北海道拓殖银行。

泡沫经济破灭留下了两个后遗症。一个是金融机构相继背负不良债权，陷入经营危机。在政府的帮助和银行业务合作、兼并之后，日本生出了完全崭新的企业生态。被社会认为没有什么作用的人才被企业解雇，也成了理所应当的事情，在同一个公司一直工作到退休反而成为很稀奇的事情。另一个是在泡沫经济时期购入房产作为住宅的房主们，因为赚不到足以保证支付每月房贷的收入，有不少房主最后只能卖掉房子。

这两个后遗症，从根本上动摇了从明治、大正延续到昭和的日本型企业经营基本模型。此外，金融机构对于给企业贷款变得谨慎起来，要求尽快还贷的例子也有所增多，所有人首先想到的就是先保全自己的安泰，即使号称什么排第二名的经济大国，也完全只停留在了口头上。经济状况前景堪忧，是平成7年到10年那段时间的特征。

在那段时间里，如何让日本经济重新崛起成为政治性课题，自民党或者以自民党为中心的政治势力担负起低迷的日本经济掌舵人的角色，但从桥本龙太郎、小渊惠三到森喜朗，都不能称为长期政权，还没有施行有效的政策，内阁就像被洪水冲走了一样，刚诞生没多久就消失不见了。不过，桥本对于行政、财政的改革和小渊对于财政重建的意愿非常明显，但他们要么壮志未酬，要么突然逝世，只能让继任者继承自己的计划了。

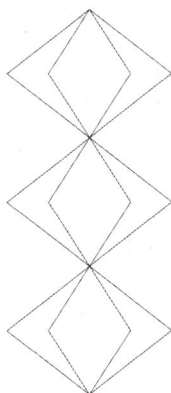

第五章——

从案件观察

时代风貌

❖ "闭门不出"这种时代病

平成时代，小孩子们的兴趣转移到了互联网和电子游戏上，比起在户外游玩，他们更愿意待在室内，一个人沉浸在电子游戏之中。而且，不仅是小孩子，"闭门不出"的现象变得越来越普遍。和社会不发生任何关系，待在家里不出门的生活，的确有些异样，而且也不健康。为什么会出现这样的现象呢？

厚生劳动省针对所谓"闭门不出"的状态的官方解释

是："不去上班或者上学，除了家人以外不跟任何人交流，持续待在家中 6 个月以上，有时会外出买东西。"平成时代之后，这样的现象越来越被热议起来。这里面除了本人的性格、家庭环境等因素之外，还可以举出很多其他理由。同时我们发现，"闭门不出"人群的年龄层，从十几岁到六十几岁，甚至七十几岁，年龄层正在变宽。

从 1990 年代中期到 2000 年代初期，这些现象开始成为社会问题，各种媒体针对这类问题的实际情况和解决方法也进行了热烈的讨论。这里面固然有社会层面的理由和个人精神层面的理由，但有观点认为，简单地把这类现象用精神层面的理由去分析的做法也很奇怪。有一本名为《"闭门不出"现象的社会学研究——媒体·当事人·援助活动》（荻野达史等编著）的书中提出，"闭门不出"业已成为社会现象，需要从多个角度进行分析。我也同意这样的观点，从明治、大正到昭和时代，即便有所谓"闭门不出"的现象，也只是被视为个人精神疾病。

然而进入平成时代，闭门不出可以说已经是"时代病"了。只要思考一下人与社会的原点就能很方便地做解释了。作为个人与社会的基本关系，个人有置身于社会的欲望、工作的欲望、在跟他人的关系中获得积极肯定的欲望等，这些对个人来说都是必需的。

毋庸赘言，如果没有欲望的话，什么都不会发生。然而平成时代的社会环境和家庭环境，却具备了一个人即便没有这些欲望，只选择待在家中也能够生活的条件。当然这里面还是有父母等亲人的支援，而这些条件在一定范围内就能满足一个人的基本欲望。平成时代无疑让这一点成了可能。

这种闭门不出的现象，到了平成即将结束的时候，还扩散到了老年人群中。现实生活中，有些老年人除了待在自己家里之外没法动弹，只能选择闭门不出，这种孤老也开始成为社会问题。这些现象结合在一起，的确可以说是时代病了。

如果这样看的话，我们会发现平成社会的某种样子浮现了出来。在昭和50年代到60年代之间，就有预测说未来会出现老龄化社会，而且还有各种各样的统计数据被发表出来。当时我看了这些统计数据，感觉里面所预测的三四十年后的日本将会成为一个异常残酷的社会。在那些预测里，未来的城市中将到处都是得不到医疗和照顾的无家可归的老年人，还有因病躺在家里的老年人。当时一些智库等发表的资料就已经显示，未来我们的国家如果出现这样的情况也是理所当然的。

如今我再想起来，觉得这些预测还是蛮准的。闭门不出是超老龄化社会中的一种现象，闭门不出现象并不是因为这个时代病了所以多了起来，而是因为能够满足人们欲望的空间一下子变得少了。可以说这是时代本身的一些特征所孕育出的人间百态。

如果说闭门不出是人们整体缺乏欲望的话，那么社会本身也会有让人变成这样的一定的理由吧，而这也是我为何会称之为"时代病"的原因。平成之后的时代，这一时代病会如何发生变化，我们现在就必须有把它辨识出来的眼力。我认为应该要小心，未来说不定会出现如果国与国之间的关系紧张，诸如闭门不出这样的病就能治愈之类的胡言乱语。

❖ 犯罪的目的变了

对于平成，我们还应该注意的一个事情，就是犯罪事件的特异性。

平成元年（1989 年），发生了一件令社会震惊的猎奇性案件。宫崎勤在昭和 63 年（1988 年）到平成元年（1989 年）之间，在东京郊外和埼玉县杀害了四名四到七岁的女童，并且全程录像。平成发生了这种事关人性本质的重大案件。

在此之外，平成时期还发生过一起恶心案件：通过互联网寻找和自己一样想杀人的人，两个原本完全不认识的人共同抢劫并杀害了一名下班回家途中的女性。类似的案件还不止一起。犯罪的性质发生着改变，或者说，犯罪的目的发生了变化。这里面到底隐含着些什么呢？或许我们可以解释为在平成这个时空中，人性的面貌本身也在大幅度发生着改变。我们有必要关注到这一点。

❖ 神户连续杀伤儿童事件

进入平成时代 10 年左右时间，我们从生活环境到生活方式，都在发生着变化，我有时会觉得这可能是时代发展的进程，有时也会觉得生活在一个和自己价值观不同的社会之中。正是因为这么觉得，才能做到贯彻自己的价值观。

再一次俯瞰平成 9 年之后 20 年左右的这段时间，特别值得瞩目的是频发的青少年恶性犯罪。据说，青少年犯罪的数量本身其实是在减少的，但是我始终觉得必须把那些看似在减少的恶性案件进行重新调查和记录。这些毫无人性的犯罪给社会带来了什么样的影响，这些恶性案件形成社会记忆又会如何成为教训，重新调查和记录的工作有助于弄清这些问题。

其实以上问题可以归结为：这个社会是否有能解开青少年犯罪问题之谜的钥匙？让社会开始直面青少年犯罪问题的契机是"神户连续杀伤儿童事件"，这是一起于平成 9

年（1997 年）发生在神户市须磨区的案件，几个小学生受到袭击，其中两人死亡，三人受伤。其中一个小学生的遗体还被肢解，其头部和一份声明（这里面凶手自称"酒鬼蔷薇圣斗"）一起被放置在了一所中学的校门口。一开始这个案件被认为是一起成年人干的猎奇杀人案件，但破案后发现凶手只是一名 14 岁的中学生。

此前，那份自称"酒鬼蔷薇圣斗"的凶手声明还被送到神户新闻社等媒体，一时间造成了骚动。

美国媒体也对这个案件进行了详细报道，《华盛顿邮报》称这个特殊的案件极大地震撼着日本社会，并指出"是社会风气、互联网等让这么一名极为普通的少年变身成了一个杀人犯，这种对于日本社会的内部结构的解释，开始浮上台面"。

有一部分人质疑，这位少年是被冤枉的，我自己也接到过表达类似观点的电话。觉得这位少年是冤枉的人里，有人提出声明的内容太过复杂，那么难的写作不太可能是一名中学生能够完成的。但纵观整个案件的特异性，如果仅凭以少年的能力写不出这样的声明的观点，是难有说服力的。

❖ 光市母子杀害事件

两年后的平成 11 年（1999 年）4 月，在新日铁光制铁所（位于山口县）的员工公寓，发生了一起 18 岁少年杀害一对母子的案件。少年冲进房间试图强奸那位母亲但遭到反抗，于是杀了她，还极度残忍地杀害了屋内出生仅 11 个月的婴儿。

被害人的丈夫，同时也是遇害婴儿的父亲，在媒体上公开表达决不原谅这样的犯罪，并提出少年应该被处以极刑的主张。这份主张提醒了我们，原本平静的日常家庭生活遭到少年的破坏是一件多么残酷的事情。当时的电视荧屏满是这位被害人家属，他用严肃的口气呼吁，应该保障犯罪受害人的权利。这份呼吁逐渐引起大家的共鸣，"全国犯罪受害人协会"成立了。这个组织除了对犯罪受害人进行支援之外，还提出"建立挽回受害损失制度"等口号，进行了一段时间的社会活动（该组织于 2018 年解散）。

那位少年在一审、二审中不仅没有被判死刑，还在狱中写了一些嘲弄受害人及其家属的文章，再度引起争议，不过他最后还是得到了法院的死刑判决。最高法院判定，这个犯人无法面对自己所犯罪行，没有做出任何反省的可能。

身为罪犯的少年则时不时会说怪话，在案件审理过程中，辩护律师曾经提出一些奇怪的主张。比如，少年让辩护律师说，少年的目的不是为了要实施强奸，而是把被害人当成母亲那样寻求关爱，而把婴儿塞进抽屉是因为想让哆啦A梦来救命，实施杀害并奸尸是因为少年相信这样可以让受害人"魔界转生"。

关于这起案件，加害人证词中给出的理由并无法直接导致犯罪，即便再怎么往深处想也没用，因为犯罪的理由太简单了。被告一开始在法庭上就没有认真说证词，反而采取了一种极为反社会的态度。但当死刑判决逐渐明朗之际，反而又开始说一些很胆小鬼式的发言，说什么把被害人当作了母亲之类的，到了再下一个阶段，又开始说一些帮助自己的人的名字，说自己今后一定改过自新之类的话，试图求得放宽量刑。

上述两个案件，从各种意义上来说，都给人一种"超脱昭和的平成式的犯罪"的印象。在这两个案件之中，犯人都有非常明显的精神层面上的缺陷。不论是神户连续杀伤儿童事件，还是光市母子杀害事件，残忍性是它们的共同特点。还有一点就是，犯人根本不把人命当回事。本来，日本的司法制度被认为只要有一点点可以酌情减轻量刑的空间，都会从轻量刑的，但即使这样，从这几起案件的判决我们可以看出，法官不但没有接受被告的漂亮说辞，甚至在审理一开始就心有怒气。

全国法官们的基本立场是对青少年罪犯尽可能不判死刑，并帮助其日后回归社会，而这也是少年法的基本立场。在此过程中，负责相关事务的工作人员每天都很小心，比如针对神户的儿童杀伤事件，出动了很多工作人员，诸如心理咨询师等，即便在少年获得释放之后，工作人员还不得不同想追踪少年踪迹的媒体进行长期斗争。

❖ "我想杀个人看看"

再举一个符合这个时代特征的犯罪案例。

平成12年（2000年）5月，在爱知县丰川市发生了一起高中生杀害家庭主妇的案件。丈夫回到家中，发现妻子倒在地上满身是血，妻子的头部被榔头重击，颈部等处也有足以致命的刀伤，丈夫和犯人扭打在一起，自己也被菜刀砍伤。

被逮捕的是当地一名高中生。据他交代，他看到这家人的房门正好开着，就走进去杀了人，作案后他逃到车站，在车站的公共厕所躲了一夜，饥寒交迫之下最终选择去警局投案自首。据称，少年说自己的犯罪动机只是想"杀个人看看"，经过几次精神鉴定，少年最终被确诊为"阿斯伯格综合征"，是在神志不清的状态下作案的。

但是，这起案件引出的一个问题是，不管是什么样的精神疾病，总之少年的杀人理由就是"想杀个人看看"。

这句话后来也成为平成时代青少年犯罪时经常用到的说法。

这些案件都发生在平成 9 年到 12 年这 3 年时间里。丰川市主妇杀害案件里的少年说的一段话（被一部分媒体曝出）很重要，他说："我觉得有必要了解一下杀人这件事，以及整个过程中自己的心理变化，所以就开始计划了。"他等于在说，通过计划和实践杀人这件事，自己也能获得成长。

这类"想杀个人看看"的理由，是平成青少年犯罪的特征，包括平成 26 年（2014 年）发生的名古屋大学女学生杀害老妇人的案件在内，可以看到类似的青少年犯罪在增加。针对这一现象的分析，或许可以找到各种各样的原因，我觉得比起心理层面的原因，结合昭和时代和平成时代的特征，或许可以进行以下分析：

"时代的价值观发生着变化，而且伴随着这种变化，昭和时代的人生观、生命观以及人性观念，开始了微妙的重新定位的过程，年轻一代开始对一些曾经无争议的事物感到疑惑。"

用更容易理解的话来说，支撑着战后民主主义的尊重生命、尊重人权等价值观和伦理观逐步崩塌，甚至可以说人道主义和人权等概念开始逐渐变得空洞。太平洋战争结束后的这段时间，我们会用"战后"这个词汇，它同时也暗含着人道主义或者民主主义之类的意思，通过这样的方式，就能把"战后"这个概念跟"战前"对照起来，这也是同时代的人们之间的一种默契。

❖ "战后"为何死了？

然而"战后"这个词在平成过了一半之后，就逐渐成为了"死词"，这个词汇本身所具有的一些概念也越来越发挥不了作用了，也就是所谓"形骸化"的开始。为何"战后"一词死了？为何会偏偏在平成过了一半的时候死了？我想到了几个理由，这里就举其中三点，因为这三点跟平成的时代特征也有关联。

第一点是世代变了。直接了解太平洋战争的人都差不多已经85岁以上了，还有小时候的战争记忆的人也已经75岁以上了，只有知道那场战争的情况下，"战后"这个词才有用，整个社会之中，有战争经历的人极度变少了，那很自然地，战争就从体验进入到了记忆和想象的世界之中，最终记忆也变得淡薄，相关记录也成为非常久远的东西。

第二点是理念的消失。这话什么意思？尊重生命、民主主义的核心，或者什么是革命，什么代表日本文化，没人再针对这些理念提出新的不同观点了。这些理念在日常生活中也很少被提及。战争结束，即便进入战后年代，只要再聊起战争，还是可以讨论从战争中汲取到的教训，而这种共通的社会基础的消失，是一个很大的理由。

第三点，也是最大的理由，就是战争的教训并没有好好传承。换言之，就是经历了战争的一代人没有好好向下一代人传承战争教训，每次提到战争就用"很惨，很苦"之类的话搪塞过去，正因为这样，"战后"一词才逐渐形骸化，战争的真实样子和本质才没有传递下去。到底哪里错了？怎么错了？大家都不正面讨论问题，陷入了一种把辩论的输赢看作辩论全部的思想误区。

我们应该把以上三点更清楚地记在自己脑中，它们是平成时代的特征，既可以说是它的长处，也可以说是它的短处。在平成行将结束的现在，我们未来将如何去克服这三点，是这个社会正在经受的考验。

平成的这些特征，和日本社会的历史观、政治观等也有着说不清道不明的联系。村山首相和小泉首相等，针对过去日本在战争中的恶劣影响，发表了相应的谈话，这些行为可以说是对向下一代传递战争教训做出了一定的努力，但这些努力到了没有经历过战争世代的内阁比如安倍内阁时，就没有被继承下去。

可以说，对于"战后"一词逐渐走向消亡的现象，最具有象征意义的正是第一次和第二次安倍政权。我认为，这不单可以指世代方面的问题，同时还可以认为，这其中存在着思想层面和政治层面的算计与图谋。

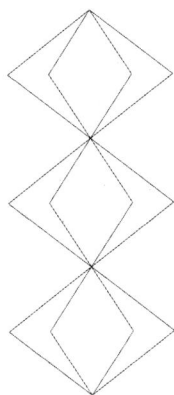

第六章——
开始萌芽的
历史观的歪曲

❖ 民主党政权到底是什么？

民主党政权诞生于平成 21 年（2009 年）的 9 月，在此之前持续了 5 年半的后小泉时代，基本一年换一个首相。在民主党政权之后，又是安倍政权的再度上台，民主党政权为何会经历那样惨烈的失败呢？可以说，日本之所以会右倾化，会向着国家主义、回归战前型社会转变，民主党政治的失败也是原因之一。

最开始，以民主党的鸠山由纪夫为首相的内阁支持率在其上台之初，超过了70%。但是，随着政策渐渐难以推行，就换成了菅直人内阁，而这个内阁由于东日本大地震期间各种政策失败而下台，最后交给了野田佳彦内阁。

民主党政权时代的这三位党首，都没有强有力的领导才能，让外界对其到底能多大程度上实行符合国民期待的政策产生了怀疑，甚至对其统治能力产生了质疑。

最集中体现缺乏政权运营能力的，就是对于平成23年（2011年）东日本大地震时发生的东京电力公司福岛第一核电站事故的对应措施。当时的首相是菅直人，他不但对事故的应对措施完全滞后，而且也缺乏身为一个最高责任人应该有的样子。真正的最高责任人，应该有处变不惊的冷静和对大局的判断，以及当事方东电公司对于他的敬畏感，有了这份敬畏感，才能从东电公司获得正确的信息。如果首相明明做到了让人有敬畏感，但东电公司仍然不拿出真正有用的信息的话，那对东电公司的批判就会转化为对首相的拥护。

东电公司在3·11核事故中的一些应对方式，包括了隐瞒信息、逃避责任，甚至还企图发动支持核电事业的科学家制造有利于自己的舆论，这毫无疑问激起社会对核电本身的强烈批判。然而最终由于菅直人首相一些感情用事的应对和不得体的发言，导致这种批判转向了首相本人，从而帮了东电公司的大忙，无异于作茧自缚了。

❖ 没被吸取的太平洋战争的教训

有一本全面考察这场事故，并能从中吸取教训的书，就是船桥洋一所著的《熔断倒数》（文春文库）。在这本书中，作者采访了首相官邸、东电公司的所有主要人物，点出了问题所在。

我给这本书文库版写了解读文章，也因此有机会从一些相关人士那边听到一些说法。听完之后，我不禁对民主党政权的当事人意识的薄弱感到惊愕，也马上对船桥在书中的以下这一段内容深感认同：

"当时在美国政府内部，已经对菅直人政权的处理措施开始感到难以信任。因为东电公司没有跟首相官邸说实话，而菅直人对真相毫不知情，只是一通瞎忙。有人提出，

'有必要给予菅直人一些震撼'，也可以说是对日本政府进行的一场'休克治疗'，美国国务院一波又一波地向日本政府发出了'强硬警告'。"

美国政府对菅直人政权在如此紧要关头却毫无作用，也是深感错愕。

而东电公司对于会出现如此大的海啸，也没有做好充分的预案。当然，我们可以想见，对于其他当地企业来说，这场海啸同样太过出乎预料，但即便如此，有一种说法称，东电公司相较于当地其他企业，依然算做得很糟糕的。对于这种说法，有必要再次进行一番论证。

纵观一系列应对措施可以察觉，我们还没有从太平洋战争这一史实的教训中吸取经验。我在给船桥写的解读文章里面提到，我注意到3·11核事故和太平洋战争的失败经验在七个方面有着高度重合。

在这七个方面之中，有一些是可以马上列举出来的，比如"指挥体系不够明确""最大危机来临时，最先逃跑的是军人家属""主观判断和一厢情愿取代了客观事实"，以及相当重要地，"官僚机构和政治家之间明显没有合力，相互之间没有信任"等。

3·11 事故暴露出来的这些问题和太平洋战争的失败如出一辙，其中我觉得尤为重要的，是上述七个方面中的一项，即"战时东条英机首相和核事故发生时菅直人首相高度相似的感情用事"。从这一点可以看出领导人的人性特征。

战时的东条英机，其言行粗糙得令人震惊，只是一味对国民反复说着"认输就真的输了"之类的精神论，战局一旦无法好转，就说这是老天爷对国民怠慢精神的一种惩罚，总之就是把责任转嫁给国民。

听说菅直人首相也只会直接冲到事故现场，对着所有人乱骂一通。本来最应该保持冷静的人都变成这种状态，可以想象在第一线是肯定会隐瞒事实真相的。

在昭和的领导人中，碰到了把国家轻易带向战争道路的军人首相，而在平成时代最需要领导力的时刻，又碰到了一位缺乏领导人气度的公民运动出身的首相。在这两个时代最需要有能力的领导人出现的时刻，都偏偏碰上了能力较低的领导人身居高位，不得不说是一种历史的讽刺。

❖　"民主之后，法西斯紧跟"

在民主党政权之后，不论谁当首相，都能得到一定程度的分数，至少可以及格。安倍首相之所以能上台，也是因为我们之中形成了一种"谁当首相都一样"的氛围，安倍内阁正是在这种氛围之下产生的政权，如果换一种说法的话，他的上台会让人想到"民主之后，法西斯紧跟"这个历史教训。

第一次世界大战之后的德国，因为制定了魏玛宪法而成为民主主义体制的国家，但在其内部，却又有着"凡尔赛体系"这一对德国国民来说屈辱的国际社会体系存在，因此才会有反抗魏玛体制的德国国家人民党在军人的协助下制造的政变和骚乱。

而后希特勒登场，最终将魏玛体制连根拔除。

为了解释"为什么希特勒会产生于一个民主体制之中"，政治学者冈义武写了一本书叫《德意志民主的悲剧》(文艺春秋)。

这本书中写道，由于存在了14年的魏玛共和国从一开始体制就不够健全，因此被希特勒的纳粹势力给瓦解了。

冈义武在书中追问魏玛共和国瓦解的原因，并写道"有一个毫无疑问的明白事实就是，自由不是别人赋予的东西，而是通过自身不断的斗争争取到并确实保住的东西"，同时指出，所谓"斗争"，"没有智慧与勇气相伴的话，将毫无意义"。我想这是经历了平成这个时代的体验之后，我们最需要觉醒到的一点吧。前辈先贤的这些话，我们须铭记在心。

❖ 民族主义的存在形式

一定要提一下，第二次安倍政权在平成 26 年（2014 年）7 月作出内阁决议，容许行使所谓"集体自卫权"。21 世纪的国际社会，随着美国的军事实力相对下降，美国想依靠日本的经济实力，重新调整其在阿富汗和伊拉克的军事经济负担，而安倍首相答应了。

这里我要引用自民党内鸽派大佬——河野洋平的著作

《给日本外交的直言——回想与建言》（岩波书店）中的一些内容，因为我发觉亲身感受到的日本社会的历史观、政治观的变化，与河野的观点有一致之处。

"安倍内阁这种不经过深度讨论就往一个方向猛冲的做法，真的是国民乃至国际社会所乐见的吗？是不是应该对谨守和平主义至今的前辈们的辛劳进行重新审视，并稍作停顿，好好讨论一番呢？"

我觉得河野的建议非常恰当。但是这样的意见完全没有反映到内阁，更准确地说，不反映才是日本能够独立的条件。河野在书中写道，美国的执政党完全不相信日本的鹰派，而且在日本政权内部，"有很多内心对于战后秩序持否定态度的鹰派，这件事美国自然也是知道的"。

我自己也曾跟美国国务院的工作人员因为某件事交流意见的时候，有过相同的感受。日本鹰派的本质，就是想方设法将太平洋战争正当化，并让美国也承认这一点（这句话看上去有点复杂，其实就是日本政府对于和平的本意并没有得到美国的理解）。从美国政府私底下的一些表态看得出来，美国是发自内心看不起这种歪曲的历史观的。对现在的日本政权，最高目标总之就是大量出售武器，让日本的财政为美军的一部分开销买单，这是特朗普政权的本质，而日本恰恰也被利用了这一点。

我每次有机会看到河野对于历史的观点时，都会发现与从前的后藤田正晴的政治见解有重合之处，对其观点也颇为赞同。再引用一段河野用"昭和政治"传达给"平成政治"的话：

"美国反复强调，希望同为美国盟友的日韩两国保持稳定的关系，但是要让以日本首相为首的日本鹰派与民主化之后的韩国两者从内心深处构筑稳定的关系是很难的。跟中国的关系也是如此，美国很明显不希望看到出现参拜靖国神社这类不必要行为，从而刺激对方。在国际关系中，自己去制造冲突因素的行为不仅毫无意义且有害，因为对于安全保障来说，需要冷静和合理性。"

这些话里写满了平成的日本社会中极具常识性的一些观点，如同河野指出的一样，"自己制造冲突因素的行为"，说到底只是一个国家的民族主义被扭曲的一种反映，我们对此的再度认知，也可以说是平成时代的经验教训了吧。日本的基本民族主义的存在形式，绝不可以走向这一步，这应该可以说是全体国民对此问题的认知吧。

❖ 严峻时代的萌芽

那些以"纠正历史"为名的历史修正主义，大部分应该都属于上述的"自己制造冲突因素的行为"吧。另外，从平成中期开始，互联网的普及让人们更容易掌握资讯和知识，这件事从效率角度来说有着很大的好处，但同时它的另外两个特征，会让它对国民生活产生影响。

其中之一，以往的媒体有明显的"传送者"和"接收者"的区别，作为传送者的报社、电视台、出版社等机构，在把资讯传播出去之前会调查资讯的真实性和准确性，肩负起身为"传送者"的社会责任。但是到了互联网的时代，每个人都是"传送者"，同时又都是"接收者"，这就意味着过去媒体的基本形态正在崩解。

另一个特征是，随着每个人都成为"传送者"，错误资讯、假消息甚至谣言都开始光明正大地传播着，造成了所谓"传谣一张嘴，辟谣跑断腿"的情况。因此，谣言受害者在现实生活中大量出现，可以想见，未来终有一天会出现因所谓"新闻自由"而导致的严重人权问题。

互联网时代，媒体的构造发生变化，资讯质量显著下降的新闻满天飞。在我看来这根本就是以往社会价值观的大幅度崩塌。可以说，从前的社会常识开始瓦解，以后会有全新的价值观产生。在未来，平成应该会被视作这个"严峻时代"的萌芽期吧。

我在前文提到过，在大学讲课的那段时间里，有一次让学生们写论文，结果收上来的答卷中竟然有几张内容极为相似。我对互联网不是非常了解，所以一开始并不知道这些类似的答案都是学生从网上抄来的，还以为是一个学生写完之后给其他同学抄的，于是找了一位学生来问，发觉这位学生和其他写出类似答案的学生之间并没有任何朋友关系，我当时很疑惑，结果那位同学很窘地承认说，"这些内容是从网上抄来的"。

其他学生也都这么回答，这让我一时之间不知道应该怎么给他们打分。

顺便说一下，维基百科上能找到我的履历一样的简介。我出生于北海道的札幌，但后来我发现维基百科上写成我

平成史

出生在札幌周边的一个村子里，而且还在那里上的小学，除此之外还有几处与事实不符的内容。在从来没去过的地方上了小学，搞错出生地，可以说我完全被人伪造了履历。但我并没打算去修改它，既然被人这么写了就写了吧，我觉得也无所谓。

有个跟我关系不错的编辑，经常会在网上看这些资讯，有时他会告诉我："保阪先生，网上说您是极左哦！"让我知道一些网络匿名论坛上跟我有关的消息。有时又会告诉我说："这个网站上有人骂您是极右派。"我觉得很有趣，所以每次跟那位编辑见面，都会向他确认我最近在网上的"评价"如何。那位编辑说他一直在追踪调查那些在网上对作家、评论家胡编乱造的人的情况，了解到其中大多数都是一些对社会抱有不满的边缘人物，他甚至还告诉了我几个具体的人的经历。网络社会看似可以匿名，但其实不然，我通过这位编辑知道了这点，再度感到错愕。

❖ 日本右倾化了吗？

从平成中期，大概是平成 20 年左右开始吧，一些所谓的"右派"杂志（比如《WiLL》等）发行量上涨，成了话题。都是一些反左翼、反自由主义，可以说就像安倍政权啦啦队一样的杂志，但就是这些杂志，背后却有着一定数量的读者。我跟这类倾向的杂志编辑部和与他们相对的一些自由派杂志编辑部，都没有什么特殊关系，所以对于它们之间的对立情况和一些杂志业界内部的事情也不甚谙熟。在这样的前提下，"日本社会正在右倾化"的说法开始频繁出现。我在听到这种说法的当下就深表赞同，原来用这么简单的一句话就能说明一些事情了。

前文提到的河野洋平，看他书中所写内容便知他深得自由派的真髓。从河野那样的立场来看，"大东亚战争是正确的""没有理由就只有日本因为那场战争而被批判""不存在南京大屠杀""修改宪法，组建国防军""往死里骂中国、韩国"等这些言论可以很稀松平常地挂在嘴边、写进杂志的文章里无异于"右倾化"现象，肯定要尽全力批判。

我也在批判安倍政权的时候，有过类似的见解，甚至也写过（但没有使用"右倾化"之类的语言），但再仔细想想，我意识到，使用"右倾化"这样的语言是以下面我要描述的结构为前提的，如果只是一味简单套用这类批判的话就没有用了。我把自己得出的结论归纳如下：

从昭和到平成初期这段时间里，存在着保守派和革新派的二元对立结构，而这种对立结构开始瓦解的时候，正好跟所谓日本社会右倾化的时间高度重合，右倾化的说法，是过去属于革新派的人们做出的社会分析，在这种分析之下，还可以进一步细化为"极右、右翼、保守、自由、共产主义"。那么过去的革新派是否被现在所谓的自由派给吸收了？好像也并没有，革新派中有些人后来倾向于右翼、保守，在这里面继续摸索革新的方向。而曾经的保守派也同样分裂成好的保守派和回归大日本帝国型的极右路线。在新的对立结构中，自由派没有办法将过去的革新派的所有人包括在其中。

日本社会的右倾化，是极右路线的一批人在现实中掌握着权力，同时遭受着来自一部分保守派和右翼人士的批判，如果让我选的话，我会在这个对立结构中选择站在保守自由主义这一边（当然，我知道保守自由主义这个说法本身非常粗暴）。

记者青木理在他写的《日本会议的正体》（平凡社新书）中分析称，在当今日本社会，可以算是草根右派组织的"日本会议"巧妙地渗透进社会各个阶层，导致日本的右倾化。青木在书中写道，外国媒体从平成 20 年代中期开始，花精力持续报道着这个团体的情况，并介绍了其中的几种论调。书中写道，美国有线电视新闻网（CNN）（2015 年 2 月 27 日美国某大学教授所做报告）是这样报道的：

"在安倍政权之下，本国优先主义型的民族主义再度崛起，极端右派重获勇气，进而攻击自由派媒体，威胁记者和学者，还将在日韩国人设为目标，发布煽动仇恨的言论。"

书中还介绍称，英国的知名杂志《经济学人》这样报道："日本会议"是日本最强力的游说团体之一，高举国粹主义和历史修正主义的旗帜，比如，号称日本当年是将东亚从西方的殖民主义中"解放"了出来，鼓吹日本再军备化，要给被左翼教师洗了脑的学生们培植爱国心，像战前那个久远而美好的时代一样敬畏天皇。——"日本会议"的支持者们不承认战后美国对日本的占领给日本带去了民主主义，他们认为美国的占领和在占领期间诞生的自由派宪法削弱了日本。

青木这本书里的分析，正是因为使用了保守与革新这一对立结构，才使得"日本会议"是极右组织这一视角浮现出来。然而，结合上文所说的保守和革新的对立结构的瓦解和这一视角的迅速形成，可以看出日本社会的变化时常是直线型的，而且变化时间之短会出乎人的意料。青木的书传递出了一个非常重要的教训。

就像与"日本会议"的活动相呼应一般，"新历史教科书编纂会"也以学生使用的历史教科书被左倾化为名，编纂自己版本的教科书，参与到教科书的战争之中。其教科书内容无外乎一些国家主义性质的内容，据说现在这个组织内部出现分裂，他们编纂的教科书的使用率不算高，影响力也有限。但是，企图让日本社会朝着国家主义方向迈进的尝试本身，至今仍然气宇轩昂地进行着，曾经的保守派势力和一部分革新派势力的动向，今后我们也必须持续关注下去。

终 章——

从平成的谢幕
到下一个时代

❖ 天皇讲话中加入的灵活性表述

天皇、皇后夫妇和国民之间的沟通机制，是指怎样的一种状态呢？从平成 30 年（2018 年）1 月 2 日的新年参贺❶这样的场合可以看得出来。当天的参贺人数是进入平成时代之后最多的一次，超过了 126700 人，比前一年多出 3 万

---

❶ 新年参贺：从 1948 年开始举行的每年 1 月 2 日的皇室活动，普通民众可以在当天进入皇居，向天皇在内的皇室成员表达祝贺新年之情。

人。出现这样的情况，不正是平成天皇所呼吁的"和国民共同前进"，或者其提出的加强同国民之间联系的大方向，被国民所广泛接受的具体例证之一吗？根据宫内记者会某报社记者的说法，这一年来参贺的人群构成跟往年不同，比如一些从来没有参贺过的公司高层领导、学者、大学教授等人群也出现了。

天皇做了简短的新年"讲话"，不足百字，内容如下：

"恭贺新禧。非常开心能与诸位共庆新春。愿今年能对更多人来说，都是安稳祥和的一年。新年伊始，祈求我国和全世界的人们都幸福。"

这同前一年的"讲话"内容几乎完全一致。这里也引用一下：

"恭贺新禧。非常开心能与诸位共庆元旦。愿今年能对所有人来说，都是安稳祥和之年。新年伊始，祈求我国和全世界的人们都平安。"

比较两篇讲话内容就能看出来，2018年"愿今年"之后的内容改用了"对更多人来说"，"全世界的人们都平安"变成了"全世界的人们都幸福"，而2016年和2017年的内容几乎一样，或许可以说，天皇最新选用"对更多人来说"

的说法，并且用了"幸福"一词而不是"平安"，用这些变动来衬托当下时代的样态吧。天皇的"讲话"一般400字到600字，顶多1000字，不会用很多话来阐述其心境。可以感受到在这些精挑细选的语汇中深藏着他的哲学与理念。而解读其讲话内容，揣度其心境也很重要。

如果让我来解读的话，之所以会出现"更多人"这样的表达，而不是用"所有人"来简单泛指国际社会与日本国民，表明天皇"讲话"的前提是，现代社会中仍然存在很多没办法过"安稳和祥和"日子的人。通过不用"所有人"这个抽象化的表述，而是通过将"所有人"具体化的方式，天皇在告诉我们，我们必须考虑到那些生存环境还很艰难的人们。

而另一处，使用"幸福"一词，能够表明天皇所祈求的不只是所谓"安宁"的状态，而是希望这个时代能让全世界的人们和日本国民体味到幸福的感觉。

这两处看似是不经意的添加或者修改，都可以说是天皇绝非被动，而是主动积极的一种表达。

毋庸赘言，平成31年（2019年）的天皇换代一事本身，有着以下两个思考方向，也可以说是日本近现代史中的头一遭。

一、并非驾崩然后即位这种形式的换代；

二、新的天皇将会是何种面貌?

这两个思考方向从 2018 年的参贺之时就逐渐显现出来。先说第一点，比如孝明天皇驾崩两个月之后的庆应3 年（1867 年）2 月 27 日，国丧结束。当时的国丧以两个月为期。《明治天皇纪》中记载着"自今日起，接受新年及践祚❶后的拜贺"，即在那一天举行了开年的仪式。在国丧期间，由于明治天皇还是一位 15 岁的少年，他说他好几次梦到孝明天皇站在自己的枕边。他一边忍受着先帝驾崩的悲伤，一边执行着天皇的公务。

❖　确立新天皇制的时机

大正天皇驾崩于大正 15 年（1926 年）12 月 25 日，在

---

❶　践祚：指即位为天皇的仪式。

此两周之前，他的身体状况开始恶化，被认为驾崩只是时间问题（还有一种说法称，实际上他12月16日就已经驾崩了）。在这段时间里，宫内厅对包括践祚在内的许多仪式作了安排，当时身为摄政宫的皇太子正式成为昭和天皇，是在12月25日的凌晨3点30分。

皇太子在先帝之死的悲伤气氛中行践祚仪式（剑玺渡御之仪），即位为第124代天皇。

在悲伤之中进行气氛完全不同严肃仪式是很残酷的事情。这一点如同2016年8月平成天皇在电视谈话中表明的一样，这些事情对"家人"来说是很痛苦的，甚至可以说是"非人性的"。对于还没有从悲伤中走出来的皇室成员来说，这不仅仅只有痛苦，还是自身感情无依无着的残酷事情。

然而这一次换代这些都没有，不会再有悲伤气氛之下的严肃的仪式。这一次的生前退位，对于天皇一家人来说到底是怎么样一种舒心之事啊。这种心平气和的感觉会在这一次换代时以怎样的一种形式表现出来，我们必须予以关注。还有社会的氛围，又会发生怎样的变化呢？

昭和天皇驾崩之前的那半年时间，媒体不厌其烦地持续报道着天皇的体温、血压还有便血等情况。这看上去是在详细报道天皇跟病魔作斗争的情况，但实际上这种行为非常麻木不仁，甚至让人感觉是在对天皇进行着某种程度的伤害，同时社会整体氛围也变得非常沉滞。正如同平成天皇在电视讲话中提到的，这种情况会剥夺社会的正能量。

而这一次对于平成天皇给下一任天皇"让位"，社会一定会被"欢迎"的氛围所笼罩，这同时也促进了确立新天皇制的时机。

❖ 同先皇之间的关系所塑造的新天皇形象

接下来，就是新天皇将会是怎样的一种形象这个问题。每一位天皇，不管有没有接受过系统训练，都受到过帝王学或者与之类似的针对君主的特别教育。其主要目的，就是让本人意识到自己君主的立场，同时开始自己设想未来想要成为什么样的天皇。其中有像平成天皇一样，没有人告诉他任何目标和模板，身处必须依靠自己的力量去塑造天皇形象的时代。明治、大正、昭和这几位天皇，每一位都是一边看着先皇的样子，一边每日思考着如何确立自己的天皇形象。

即将成为第 126 代天皇的皇太子德仁亲王也必须去塑造自己的天皇形象。我认为他会从同先皇的关联性之中去进行塑造。

平成 10 年（1998 年）12 月 18 日，在平成天皇生日之前举行的记者会见之中，平成天皇和记者团有过这样的对话。

"值此即将迎来在位十年之际，对于昭和天皇有没有更为深刻的认识？"

"昭和天皇的教诲始终深植脑中，我在履行天皇的义务的时候，会时常想着这件事情，如果换作昭和天皇的话会怎么想……真正成为天皇之后，我觉得自己更懂昭和天皇的心情了。"

如果要问这段话代表了什么意思，这里我只提两点。首先，这段话表达的一个意思是：先皇是平成天皇在塑造天皇形象时身边最近的教师和意见提供者。

然后还有一点是：天皇观察先皇立场的目光逐渐从客观变得主观。平成天皇明白地告诉我们，他是在自己塑造象征天皇这一形象的过程中，才开始深入理解到先皇的辛苦和先皇所处的立场的。

德仁皇太子将于 2019 年 5 月 1 日继位，在他继位的时候并没有过去那种先皇驾崩的痛苦相伴，可以窥见这种形式会在多大程度上减轻新天皇的精神负担。而皇太子自己在未来塑造新天皇的形象过程中，可以先皇作为自己的参考，有时甚至可以同先皇所塑造的天皇形象之间求同存异。

2017 年 2 月 21 日，皇太子在自己生日之前的记者会见中，在被问及对于天皇的电视讲话的感谢，和他自己对此的思考时，非常仔细地作出了回答，引用其中一段如下：

"天皇陛下自即位以来，长年致力于践行象征天皇的义务，并不断探索象征天皇应有的风貌……对于我来说，将在真挚接过陛下想法的同时，在今后自己进行所要进行的活动过程中，始终将之铭记在心。"

在此基础之上，针对象征天皇的问题，他说："以宪法规定为念，跟国民共甘苦，祈愿国民的幸福，所谓象征天皇应该是何种样子，对于其最合适的样子始终保持求索，我认为这是很重要的一件事情。"

根据这些发言，皇太子对于沿着平成天皇走出的象征天皇这条路走下去，同时加上自身的一些思考，从而去塑造新的天皇形象的想法，已经很明朗了。

上述两点（没有悲痛的即位、自己塑造天皇形象），给予平成时代的尾声阶段某种安稳。平成天皇和皇后成为上皇和上皇后，这对于和平成天皇一起走过平成时代的人们来说，把"天皇"这个印象从平成转移到下一代天皇身上或许有难度，这导致了一种担忧，即会不会产生所谓"天皇的双重结构"问题。2018年1月2日的一般参贺中，平成天皇简短的"讲话"或许就可以看作希望防止出现此类状况的呼吁。而我所说的天皇"讲话"的灵活性，指的就是这个。

❖ 如何防止"天皇的双重结构"

平成31年（2019年）4月30日，平成这一时代就将终结。5月1日，将举行即位仪式，皇太子将即位为第126代天皇。平成天皇和皇后将成为上皇和上皇后。

这意味着，天皇的国事活动将由皇太子接替。关于公事活动会如何，现在还在细节调整阶段，然而平成天皇和皇后探访战争遗迹进行的"追悼与慰灵"仍被视作公事活动，未来这一部分公事活动是转为上皇和上皇后的私事活动以继续，还是由新天皇替代继续进行，都要重作调整。但即便再怎么仔细进行调整，天皇"讲话"中再怎么使用符合新时代的表述，在即位之后的一段时间内，国民对于"天皇和皇后"的印象还是存在着被分散化的危险，上文所说的"天皇的双重结构"就是这个意思。

即便只有即位之后的一小段时间，我想对于皇室相关人员来说，还是希望这种双重结构能够尽早得以修正。因为这种双重结构，会削弱民众对于天皇的认知程度，因此有必要早做准备避免出现此类情况。

当然，相比国民，媒体的报道更可能导致混乱，所以针对这一点必须让整个社会早点抱持这一分化的观念。这种两极化，或者说双重结构，如果造成了对天皇印象的分散，可能会导致"天皇"所拥有的权威本身的分散化。对于那些刻意将天皇视作昭和的战前时期和战争时期那样，同时拥有权威和权力的人，他们内心自然对于这种权威的分散是有危机意识的。

然而平成天皇结合自己的经验体认到，能够践行象征天皇责任的只有德仁皇太子自己，而他本人已经清楚表明了自己将贯彻辅助者身份的想法，皇后更是如此。说到底，还是需要国民能够对于这一局面（两极化或者双重结构的危险性）有清楚认识，冷静观察天皇、皇后与上皇、上皇后之间的关系。

❖ 大正末期产生的奇怪状态

分别观察下近现代四代天皇的末年，虽然没有同样的双重结构，但也能看到类似案例。

例如大正 10 年 11 月，皇族会议作出了设立摄政并代替天皇的决定。那个时候坐上摄政位子的是刚满 20 岁的皇太子（昭和天皇），大正天皇此后便在御用邸养病，从大正 10 年 11 月开始到 15 年 12 月他驾崩为止的五年，可以说是日本近现代史中特别奇怪的状态。

这就是"天皇存而不在"的状况，可以说真正变成了两极化、双重结构的形式。再翻看一下年表就能知道，这五年在明治到昭和 20 年 8 月这段大日本帝国宪法治下的时间里，完全像处于不同空间。大日本帝国在这五年，可以说写了一段不一样的历史。

如果要大致描述这段时期的话，可以说有这么三个特征：

一、军事方面没有任何动作；

二、民权思想、人道主义等走向台前；

三、关东大地震造成了颓废风潮。

这三点可以说是"天皇存而不在"的状态的特征。除此之外还要再补充的话，可以加一个特征，那就是在官僚、军人还有政治家之间出现了由于失去效忠对象而产生的混乱。当然这一点对于天皇来说也是一样，摄政宫不得不站在自己虽然是事实上的天皇，但名义上却不是天皇的立场。可以想象，这种心理层面的和社会层面的负担也是相当强的。

这里我想简单描绘一下上文提到的三个特征。

第一点是指，因为天皇是掌握军事大权的大元帅，是军事最终责任人，动用一兵一卒都要求得天皇的裁示，但当时拥有大权的人却不在。或许有人会说那让摄政宫裁示不也可以吗？然而摄政宫只有即位为天皇后才能成为大元帅，摄政时代他的军衔只有中佐或大佐的级别，这样一来，将一级的军官是不能向他请求裁示的，于是那五年时间里，军部没有动用一兵一卒（关东大地震时由于发布了戒严令，是有军队出动的，但这和通常情况下的出兵情况不同）。这是这五年时间的特征。

针对摄政的地位，有说法认为如果皇太子一旦成为摄政，就跟天皇完全同等级别，可以作相应的决议，但同时也有说法认为那是属于皇太子这一限制立场之下的摄政，不能拥有裁示权等，说法各异，不一而足。而当时的军事领导人则是将其视为在宪法层面有限制条件的立场之下的天皇，而并不向摄政要求作出只能由天皇作出的决策。

昭和天皇以皇太子的身份成为摄政之时，军方反而在裁军（一般被称为"宇垣军缩"❶），减少军方的负担。昭和天皇的摄政时代，军方可以说"很乖"。而再看一下昭和2年之后的年表就会发现，昭和2年、3年，军方接连向

---

❶ 宇垣军缩：指 1925 年加藤高明内阁时期的陆军大臣宇垣一成所实行的陆军裁军措施。

中国山东省派兵，妨碍蒋介石的北伐。

随后，还在昭和3年制造了炸死张作霖的事件。此前很乖的"大正"一进入到"昭和"，就马上显示出一种暴走感，这种对天皇的印象一旦广泛形成，国民思想上的震撼可以说是相当激烈。

❖ 从关东大地震扩散开的虚无感

大正末期的五年时间，或许是因为军方一点都没有走向台前的关系，导致在国民中间出现了"对于军事的真实反应"。最明显的就是老百姓讨厌军人的这一真实声音，开始具体地显现出来。仔细阅读一下大正11年、12年的报纸，可以看到诸如"裁军之声日盛，军人们皆感不安"、"（对不听话的小孩子说）送你去当兵"这些话，和诸如军人穿着军装去坐火车，被人骂"太臭，滚远点"之类的故事等。这些庶民阶层的反应，就是前文第二点的映射，显示出了民权思想和人道主义观念下，庶民对于军事所表现出的单纯的怒气。

对于这类风潮，军人们当然心有不满。但现实是陆军幼年学校和陆军士官学校之中，中途退学者开始增多。我采访过陆军士官学校第三十四期和第三十五期的一些军人，他们都表示那个时候曾多次想过是否也中途退学算了。

这五年时间里，由于军部没有"大元帅"的存在，军方就没有了向政治、经济以及各界施加军事压力的手段。如果我们从结果来验证看军人们是怎样打着天皇旗号的话，吉野作造的民本思想和白桦派的文学家们在当时所拥有的影响力，倒是可以作为一种意料之外的时代背景给我们的结论做出注解。

再多说几句的话，我们知道近现代的军部曾利用天皇之名，巧妙地对庶民阶层进行威逼，但大正末年的这五年时间里却完全没有此类事件，对军事试图保持距离的大正天皇和作为摄政宫的皇太子，再一次提醒我们有这样的事实情况。关于前文提到的三点中的第二点，我认为是近现代的天皇研究中所欠缺的部分，有必要在坦诚接纳这些事实基础之上，再对相关研究进行论证。

另外，在这五年时间里面，发生了"关东大地震"。

那是大正 12 年（1923 年）9 月 1 日，我发现由于关东大地震的发生，庶民阶层的情感出现波动，而对于这波动，已用"灾害史观"一词进行过了描述，即"虚无感的扩散"和"信息闭塞集团的屠杀行为"这两点，其实也不能说它是直接从天皇虽然名义上还存在，但现实中却不在的这种形骸化的现实中产生的。

这五年时间里，国民意识发生混乱并陷入恐怖，正如同通过"灾害史观"一词所能观察到的一样，之后的种种行为其实应该是自我意识的欠缺所致。如果出现和此前军方一直利用的完全不同的另一种天皇形象，我觉得这些被称为"灾害史观"的情况可能也就不会出现了。

❖ 贞明皇后的灾区巡视

最终去关东大地震灾区探访并慰问灾民的是贞明皇后。由于大正天皇当时在日光的御用邸养病，没法行动，是贞明皇后担起了这个任务。当然摄政宫也巡幸了东京城区，是以骑着马、带着护卫的形式慰问的。这其实是军部要通过让天皇出现在东京城区的方式，以达到告知国民目前社会治安稳定的目的。

贞明皇后则是穿着夏季的简装素服，走遍了灾区各处，整个9月都把时间用在这件事上。传说当时虽然时值9月，但已有寒气侵袭，宫内省提议贞明皇后"穿上毛皮外套"，然而贞明皇后却噙着眼泪说，"还有人在寒风中受着灾害，怎么能只有自己一个人穿成那样呢"，严辞拒绝了这个建议。

平成天皇和皇后对于灾区的慰问，可以对照着贞明皇后的这个小故事。贞明皇后不但要照料养病中的大正天皇，还一马当先接过了慰问灾区的责任，可以说在那个天皇存而不在的双重结构中，贞明皇后发挥着独特的作用。

这五年时间里，在宫内省担当重任的有元老西园寺公望、宫内大臣牧野伸显等人。而东宫大夫珍田舍巳等人也在每天注视着摄政宫，观察他会成为怎样的天皇，他将如何自己引导出通往天皇的路径和具体的天皇形象。这三位都有外交官的经验，每一个都能讲很好的外语，是摄政宫最为仰赖的几个人。

而且，这三位都觉得日本皇室应该走英国式的皇室道路，这五年时间里对摄政宫确立新的天皇形象起到了建言献策的作用。不过，在摄政之后不久的大正11年4月，作为摄政宫访问的回礼，英国皇太子访问日本，一位青年因为出于激愤，认为"摄政宫同外国皇族降格交际，污损了日本皇室的纯洁"并进而自杀。对于这类动向，西园寺、牧野和珍田等人觉得可能成为将来的不稳定因素，表现出了忧虑。

天皇形成双重结构的大正后期这五年时间，出现了上述各种各样的动向，然而经过一番论证可以发现，日本社会的这段时间，可以视作以天皇为中心，对于未来应该求得何种社会平衡，进行一系列试错的时间。

❖ 国民注视天皇的目光

"昭和"二字典出四书五经，取自《尚书》中的"百姓昭明，协和万邦"。"平成"也取自《尚书》中的"地平天成"。

这一次天皇换代是日本近现代史上的首次，前所未有的"生前退位"，让人们在心理上与以往的"驾崩即位"模式间有了区隔。在痛失先帝的悲伤中，要进行即位大典，还要针对新天皇诞生重新制定一些法律框架，对于天皇家族的人来说的确过于辛苦和残酷。如果要把平成天皇2016年8月发表电视讲话诉求生前退位一事，看作平成天皇不想让自己的家人经历这样的痛苦，也是成立的。这种说法或许更接近其真实想法。

国民注视天皇家族的目光，在进入平成之后逐渐平稳下来，同时，与天皇和皇后共同建设的国家应该是何种模样？类似这样想去明确未来国家形象的心理也开始出现。应该说，这种来自国民的关注，正发挥着重要的作用。

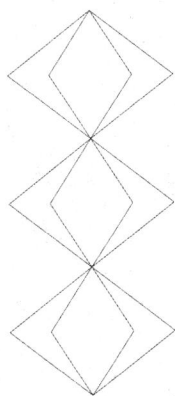

后

记

要确认自己所处的究竟是怎样一个时代，有这么几个方法。一个是认真详细地听那些年长的人说，即"现在"是"过去"的映射。年长者的经验之中有原因，这些原因和现在的结果是关联着的。此外，还有一种方法是去看历史书。

我觉得，要确认自己所处的时代，特别是在近代日本，有一种手法是通过分析人们怎么看待天皇来确认。

比如你是身处大正10年的一位20多岁的青年，你应该会从大人谈起明治天皇时的口吻中听出国家未来会往军事倾斜的趋势，同时也会听到对大正时代国家软弱的感叹之语。而明治天皇和大正天皇的形象也假托于这些言论之中，这些言论并不一定能代表两位天皇真正的品性，但能说明身为臣下的人们是如何在天皇的名义下推动着时代的前进的。

活在平成时代，我有那么几次，对这个时代产生了跟战争有着一定距离的印象，这正是因为平成天皇所说的话跟过去天皇不同导致的。和拿着臣下给的稿子照着念不同，天皇第一次发挥主体性。通过自己的手写讲话稿，他的所感所想也充分地传递给了国民。通过观察天皇而了解"现在"，有着重要的意义，而我也会好好守护并贯彻这一历史观。

不光昭和与平成，明治、大正时代也遗留下诸多历史教训。即便每个人对这些教训的总结吸取各有不同，但总会有共通之处。我个人认为从历史角度看，有以下这些教训：

一、重视对战争时代受害者的"追悼与慰灵"；

二、对国民意识中向军事的倾斜保持警觉；

三、恶性社会事件减少，少数事件性质恶劣；

四、经济层面的弱者增多，贫富差距扩大；

五、暴力的含义被扩大化，暴力行为会被追责。

这当然只是我的一家之言，但应该可以说，人心的安稳和荒芜正在各自走向极端化。不管怎么样，这样的时代会让人预感到未来还会发生些什么，从社会层面来说，我们应该清楚认识到，这样的情况一旦在未来走向负面，很可能会孕育出一个无序的社会。

明治、大正、昭和，然后到平成，持续了 151 年，我一直在思考应该怎么对这段时间进行划分。但不管怎么划分，明治、大正的历史脉络凝结于昭和，而以昭和为"因"，才有了作为"果"的平成。昭和时期的战争、战败、占领、民主主义等，使得日本社会的面貌发生了大幅度变化，社会形态也不得不发生改变。

其变化之后的所谓战后体制，可以说在平成时代，日本收获了心灵依归之所。我们可以将其解释为一种"结点"。

就像编一出戏剧一样，我们的国家可以说发生了变化，但我们必须理解一点，那就是在这种变化之中有很多付出生命的人存在。能否从那些为了确立新的国家形象而付出生命的人的想法中汲取到教训，是我们正在面对的问题。我们是否真的可以说自己有这种自觉？这是摆在我们面前的一个重要课题。

这么想来，有一件事变得非常明显：平成史是作为明治开始的国家塑造过程中的矛盾与错误得到修正之后的结果而存在的这一事实。在明治时代的草创期，始于庆应 3 年大政奉还的近代日本，走上一条斗争的道路，即为未来日本会成为怎样的国家而斗争。以各国作为例子，摸索国家的存在形态。

最终，日本选择了当时的世界历史的潮流，即帝国主义形态的道路。这里所说的帝国主义，按照《大英百科全书》和法国的《拉鲁斯百科全书》的解释，指的是强国以军事实力掠夺弱国财富，并瓦解其文化，进而进行政治支配的形态。

那个时代的弱国日本，以追赶先进帝国主义国家为建设自己国家的目标，这就是所谓军事主导体制。

在昭和的最高潮，失败降临（即"转折"），同时又诞生了民主主义体制，也就是说，日本近代的这大约 150 年时间里，发生了急剧变化，到了平成后终于开始恢复平稳。而我们每个人的人生也假托在了这些变化之中，我们每个人如果去追寻自己父母的时代、祖父母的时代甚至曾祖父母的时代，就可以清楚明白地看到，在不同时代背景之下，自己的先人们究竟是怎么样的一种活法。

如同我在前文所说的，要观察现在所在的时代到底是怎样的时代，有必要在了解了这些历史进程的基础之上，再思考自己所处的时代。

平成之后，究竟会是怎样的一个时代，还是应该在时代的进程之中尝试探索和挖掘。我觉得在平成时代，也有新的时代样貌正在形成，具体是怎么一回事儿，这里需要提到两个观点。

一个观点是，新时代的价值观在进入平成之后才形成。另一个是观点是，在大正或昭和时代，新的故事就已经开始上演，如果是这样的话，那么平成也就难逃背负某种时代进程的宿命。

我其实对于这样的观点反而抱着一种怀疑的态度。战后民主主义体制发展到现在这个样子，下一个时代的主题将会是如何把"战后"的影响从中剥离出去。我自己也会把重点放在这一点上，对"现在"持续观察下去。我猜想，不论新天皇本人的意愿为何，他都会置身于整个国际社会之中。同时，天皇所代表的历史和传统又会发生什么变化，这些变化又如何反映在国民的人生之中，这些都会成为令人关注的事情。我认为，日本早晚将要面临一个考验，那就是未来面对科学技术的发展，是能应付自如，还是对现状不知所措，以致社会陷入混乱状态。新的时代，或许会在一段时间之内成为一个没有指南针的时代。

　　本书，是以我在平凡社发行的双月刊《心》上发表的一系列连载文章为核心，再加以补充，重新编排而成的。我想表达的是，在日本社会中，每个个人抱持公民意识，比任何事都要重要。向对本书发行提供全力帮助的新书编辑部总编金泽智之先生表示感谢。

保阪正康

平成 31 年 2 月（2019 年 2 月）

大事记

年份	1987 年（昭和 62 年）	1988 年（昭和 63 年）
首相	中曾根康弘	竹下登（11.6—）
日本国内大事	4.1 国铁分割民营化。JR11 家法人、国铁清算事业团启动。 5.3 朝日新闻阪神支局发生袭击事件。 5.15 通产省对东芝机械作出禁止向社会主义阵营国家出口 1 年的处罚。 9.18 宫内厅发布昭和天皇肠道病症的消息。 9.22 昭和天皇进入宫内厅医院接受手术，内阁决定由皇太子代行国事活动。 10.20东京股市受纽约股市暴跌影响，报收史上最大跌幅。 11.6 竹下登内阁上台。 11.8 日本航空完全民营化。	6.18 瑞可利事件爆发。 7.23 横须贺港发生潜水艇"滩潮"与海钓船相撞，造成 30 人死亡。 9.22 昭和天皇身体状况恶化，政府决定正式委任皇太子明仁亲王进行国事活动。
国外大事	10.19纽约股市暴跌（黑色星期一）。 11.29 大韩航空客机在缅甸上空失踪。 12.8 戈尔巴乔夫和里根签署《中程导弹条约》。	8.20 两伊战争停战。 11.8 美国总统大选，老布什当选。
过世主要名人	1.21 梶原一骑　　2.3 高松宫宣仁亲王 7.17 石原裕次郎　　8.7 岸信介	1.9 宇野重吉　8.4 土光敏夫 11.14 三木武夫　12.25 大冈升平

1989 年（昭和 64 年 / 平成元年）

竹下登　　　宇野宗佑（6.2—）　　海部俊树（8.9—）

日本国内大事

1.7　昭和天皇驾崩，皇太子明仁亲王即位为新天皇。

1.8　改元平成。

1.9　平成天皇表明遵守宪法。

2.24　昭和天皇大丧之礼。

3.30　女高中生尸体被塞入水泥墙事件的两名少年主犯被捕。

4.1　消费税启动。

6.2　宇野宗佑内阁上台。

7.23　第 15 届参议院选举，社会党议席大增，自民党没有过半，国政选举中首次出现执政党与在野党逆转。

7.23　警视厅以强制猥亵罪逮捕宫崎勤，宫崎勤坦白从 1988 年 8 月起共诱拐害 4 名女孩。

7.24　因参议院选举惨败及女性问题，宇野首相宣布下台。

8.9　海部俊树内阁上台。

9.4　日美开始经济框架协议的协商。

10.14　田中角荣宣布从政坛引退。

11.21　日本劳动组合总评议会（总评）解散，日本劳动组合总联合会（联合）成立。

国外大事

11.9　东德向西德开放国境。

11.10　柏林墙倒塌。

12.2　老布什与戈尔巴乔夫在马耳他举行首脑会谈。

12.3　美苏宣布冷战终结。

过世主要人

2.9 手冢治虫　4.27 松下幸之助　6.24 美空云雀　11.6 松田优作

12.9 开高健　12.12 田河水泡

年份	1990 年（平成 2 年）
首相	海部俊树

日本国内大事

1.18 长崎市长受枪击重伤，右翼分子嫌犯被捕。

4.2 日美经济框架协议会议召开。（6 月 28 日的最终报告中向美方承诺进行 430 兆日元的公共投资）。

6.29 礼宫亲王同川岛纪子女士结婚，创设秋筱宫家。

8.5 政府决定对伊拉克实施经济制裁。

8.29 政府公布对多国部队的中东资金援助方案。

9.14 日本决定追加支援多国部队 10 亿美元，给周边各国 20 亿美元经济援助。

10.1 东证股价跌破 2 万点，9 个月时间跌去一半（泡沫经济破灭）。

11.12 天皇即位典礼。

国外大事

8.2 伊拉克军队入侵科威特，海湾危机爆发。

8.6 联合国安理会对伊拉克作出制裁决议。

8.25 联合国同意有限度地使用武力。

10.3 两德统一。

11.21 欧安会举行，34 国在巴黎签署协议，宣告冷战正式终结。

过世主要名人

1.27 东久迩宫稔彦王　5.3 池波正太郎　5.21 藤山宽美　5.27 高峰三枝子

9.15 土门拳

| 首相 | 海部俊树 | 宫泽喜一（11.5—） |

日本国内大事

1.14 政府公布对海湾危机难民的 3800 万美元的援助计划。

1.24 决定对多国部队追加支援 90 亿美元。

2.23 德仁被立为皇太子。

4.1 牛肉、橙子开始进口自由化。

4.24 内阁决定派遣扫雷艇用于波斯湾地区扫雷作业（4 月 26 日扫雷艇出港，是自卫队史上首次海外派遣）。

6.3 长崎县云仙普贤岳火山爆发引发灾害，造成 43 人死亡或失踪。

6.11 野村证券法人被查出挪用 160 亿日元用以填补投资损失。

6.30 根据新学习指导要领，在教科书检定中明文记载"日之丸"和《君之代》分别为国旗、国歌。

7.11 东京佐川急便公司被发现向暴力团体关联企业融资 27 亿日元。

7.22 野村证券会长辞职。

9.26 平成天皇访问东南亚 3 国。

10.14 大藏大臣桥本龙太郎因一系列证券金融业丑闻而辞职。

11.5 宫泽喜一内阁上台。

国外大事

1.17 海湾战争爆发。

2.27 老布什宣布海湾战争胜利。

7.1 华约组织解体。

7.31 美苏首脑会谈，签署削减战略核武器的条约。

9.6 波罗的海三国独立。

12.8 俄罗斯、乌克兰、白俄罗斯三国宣布组成"独联体"。

过世主要名人

1.29 井上靖 5.15 安倍晋太郎 8.5 本田宗一郎 10.22 春日八郎

年份	1992 年（平成 4 年）
首相	宫泽喜一

日本国内大事

1.17 宫泽首相针对慰安妇问题正式谢罪。

2.15 东京地检逮捕东京佐川急便公司的渡边广康等 4 人。

5.22 熊本县前知事细川护熙成立日本新党。

6.15 《联合国维持和平活动合作法》(PKO 合作法）通过。

7.6 政府承认历史上曾参与招募慰安妇，向亚洲各国谢罪。

8.21 自民党竹下派会长金丸信被查出收受东京佐川急便公司渡边前社长给的 5 亿日元政治献金（10 月 21 日辞去议员职务）。

9.17 第一批联合国维和行动派遣部队，出发前往柬埔寨。

10.23 天皇和皇后首次访华。

10.30 大藏省公布称，12 兆 3000 亿日元的不良债权中有 4 兆左右无法追回。

11.5 东京佐川急便事件首次公审。

12.10 自民党竹下派分裂，以原自民党干事长小泽一郎为中心的羽田派崛起。

国外大事

2.7 欧共体 12 国签署以成立欧盟为目标的《马斯特里赫特条约》。

2.8 第 16 届冬奥会在法国阿尔贝维尔举行，日本取得史上最多的 7 块奖牌的成绩。

6.3 巴西里约热内卢召开地球峰会。

6.14 通过《里约宣言》。

7.25 第 25 届奥运会在西班牙巴塞罗那举行，日本夺得 22 块奖牌。

8.12 美国、加拿大、墨西哥针对北美自由贸易协定（NAFTA）取得一致。

8.24 中国、韩国建立外交关系。

11.3 美国总统大选，民主党候选人克林顿当选。

12.18 韩国总统选举中，代表民主自由党的金泳三当选，成为时隔 32 年的首位非军人总统。

过世主要名人

4.25 尾崎丰　5.27 长谷川町子　8.4 松本清张　8.12 中上健次　10.13 大地喜和子

年份	1993 年（平成 5 年）	
首相	宫泽喜一	细川护熙（8.9—）
日本国内大事	2.17 众议院预算委员会就佐川急便事件对竹下原首相、小泽原干事长进行证人传唤。 3.6 自民党前副总裁金丸信以逃税嫌疑被捕。 4.8 联合国选举观察员中田厚仁在柬埔寨被袭身亡。 4.23 天皇皇后访问冲绳，为历代天皇中的首次。 5.4 文职维和警察高田晴行在柬埔寨遇袭身亡。 6.9 皇太子德仁亲王与小和田雅子女士举行结婚仪式。 6.21 先驱新党成立（党首武村正义）。 6.23 新生党成立（党首羽田孜、代表干事小泽一郎）。 7.12 北海道南西冲发生 7.8 级地震，奥尻岛遭到毁灭性灾害，死者 172 人。	7.18 第40届众议院选举自民党未过半数，"55 年体制"终结。 7.22 宫泽首相宣布下台。 8.6 土井多贺子原社会党委员长当选众议院议长为女性首次，为社会党首次。 8.9 细川护熙为首相的非自民党 8 党派联合内阁上台，自民党时隔 38 年失去政权。 8.23 细川首相在施政演说中针对过去的侵略行为表达了反省和道歉。 11.12 环境基本法通过。 12.14 细川首相针对"乌拉圭回合"谈判中的大米市场问题，表明将开放市场。
国外大事	1.1 欧共体统一市场启动。 1.3 美俄首脑签署第二次削减战略核武器协议。 1.10 伊拉克入侵科威特。 1.13 130 国签署《禁止化学武器公约》。 3.12 朝鲜声明退出"核不扩散条约"。 （6.11 在和美国协商后最终避免了退出情况的出现。） 11.11 马斯特里赫特条约正式生效，欧盟启动。	12.15 关贸总协定（GATT）乌拉圭回合谈判取得重大进度，世界贸易组织（WTO）启动。
过世主要名人	1.22 安部公房　3.16 笠智众　7.10 井伏鳟二　7.20 津田恒实　10.20 野村秋介 11.14 野坂参三　12.10 田中清玄　12.16 田中角荣	

年份	1994 年（平成 6 年）		
首相	细川护熙	羽田孜（4.28—）	村山富市（6.30—）

日本国内大事

1.29 与政治改革关联的 4 项法案获得通过。

4.8 细川首相因曾向佐川急便集团借款 1 亿日元的问题表明下台意愿。

4.11 联合政权因后任首相问题陷入分裂状态。

4.26 新生党等 5 党派结成新会派"改心"，社会党强烈反对并退出联合政权。

4.28 羽田孜内阁成立。

6.10 天皇、皇后访美。

6.27 发生松本沙林毒气事件，8 人死亡，60 人住院。

6.29 自民党、社会党两党党首会谈，同意成立自民、社会、先驱新党三党联合政权。

6.30 村山富市内阁上台，自民党总裁河野洋平就任副总理兼外相，先驱新党党首武村正义出任大藏大臣。

7.8 女性宇航员向井千秋乘坐美国航天飞机飞赴宇宙。

7.20 村山首相明确表达自卫队合宪，确认将坚持日美安保体制。

9.4 关西国际机场开始运营。

10.13 大江健三郎获得诺贝尔文学奖。

12.10 除日本共产党以外的 9 个在野党合并创设新进党，选举党首为海部俊树，干事长为小泽一郎。

国外大事

1.1 北美自由贸易协定（NAFTA）正式生效，欧盟 12 国和欧洲自由贸易联盟 5 成员国组建的共同市场，欧洲经济区（EEA）启动。

1.14 美俄首脑会谈，签署莫斯科宣言。

2.15 朝鲜与国际原子能机构（IAEA）就核查问题取得一致（避免制裁）。

3.14 国际原子能机构表示，朝鲜拒绝了核查团对于宁边的重要设施的核查要求。

4.10 北约（NATO）因波斯尼亚问题对塞尔维亚人的武装势力进行空袭打击。

6.13 朝鲜在国际原子能机构发布制裁决议之后宣布退出。

7.8 朝鲜金日成主席逝世。

过世主要名人

3.26 山口誓子　4.26 大山倍达　5.22 广松涉　7.26 吉行淳之介　9.8 东野英治郎

| 首相 | 村山富市 |

日本国内大事

1.17 发生阪神淡路大地震，死者超过 6400 人。

2.13 因经营困难而被解散的东京协和、安全 2 家信用组合被发现曾给原劳动省大臣山口敏夫的亲戚的公司提供过 35 亿日元大额融资（6.17 传唤证人，12.6 遭到逮捕）。

3.20 发生东京地铁沙林毒气事件，死者 13 人，超过 5800 人受伤。

3.22 警视厅强制搜查奥姆真理教（麻原彰晃为领袖）的教团设施。

3.30 警察厅长官国松孝次被枪击受重伤。

4.9 东京都知事选举中，青岛幸男当选；大阪府知事选举中，横山诺克当选。

4.19 东京外汇市场收报 1 美元兑换 79.75 日元，为战后最高日元汇率。

5.16 警视厅以杀人、杀人未遂等嫌疑逮捕麻原彰晃等奥姆真理教高层干部共 15 人。

5.20 公安调查厅将奥姆真理教指定为防止破坏活动法的调查对象团体。

7.23 第 17 届参议院选举中，新进党议席大幅成长。

8.8 村山富市改造内阁启动。

8.15 村山内阁作出"首相的战后 50 年谈话"的决议。

9.4 冲绳县的 3 名美军强暴女童。

9.6 坂本堤律师夫妇遗体被发现。

9.22 桥本龙太郎当选自民党总裁。

9.28 冲绳县知事大田昌秀拒绝实施驻冲绳美军用地的更新手续。

11.9 棒球选手野茂英雄当选美国职棒大联盟新人王。

12.19 政府决定向住专处理投入 6850 亿日元的财政资金。

国外大事

1.1 世界贸易组织启动。

5.7 法国总统选举，希拉克当选。

7.10 缅甸军政府时隔 6 年释放昂山素季。

8.25 朝鲜报道国内发生大规模水灾。

9.5 法国进行核试验。

10.5 美国调停波黑紧张局势。

11.4 以色列总理拉宾遭极右翼犹太青年枪击身亡。

11.16 韩国最高检察院以从财阀处收取贿赂的嫌疑逮捕前总统卢泰愚。

12.3 韩国首尔地方检察院逮捕前总统全斗焕。

过世主要名人

1.29 服部四郎　5.29 山际淳司　7.5 福田赳夫　7.18 笹川良一　8.30 山口瞳
9.15 渡边美智雄

年份	1996 年（平成 8 年）
首相	桥本龙太郎(1.11—)

日本国内大事

1.5　村山首相表明辞职意愿。

1.11　桥本龙太郎内阁上台。

1.19　社会党改名为社会民主党。

2.11　冲绳县知事大田向防卫厅长官提出归还普天间机场的要求。

2.16　厚生大臣菅直人在药害艾滋事件中承认国家的责任，向原告道歉。

2.23　日美首脑会谈，就积极整顿、缩小冲绳美军基地议题取得一致。

3.7　冲绳少女遭强暴事件，3 名美军士兵被判刑。

3.12　奥姆真理教公审中发现东京广播公司（TBS）外流录像带问题。

4.12　普天间机场全面归还问题上日美取得一致。

4.17　发布《日美安保共同宣言》。

5.11　冲绳县收用委员会对政府的紧急使用楚边通信所的申请作出"不许可"的决定。

7.1　冲绳县大田知事拒绝代行公告。

7.11　公安调查厅向公安审查委员会提出解散奥姆真理教的请求。

7.13　大阪府发生病原性大肠杆菌 O157 所引发的集体食物中毒。

8.4　新潟县卷町举行居民投票，结果显示拒绝建设核电站。

8.21　大阪地检针对药害艾滋事件强制搜查"绿十字"公司。

9.19　大阪地检逮捕绿十字前后三任社长。

9.28　民主党正式成立，鸠山由纪夫、菅直人成为党首。土井多贺子众院议长就任社民党党首。

10.20　首次举行小选举区比例代表并立制下的总选举，投票率 59.65% 为战后最低。

11.17　冈光序治厚生省次官被发现有利益输送行为。

12.4　冈光次官因受贿嫌疑被捕。

国外大事

1.20　巴勒斯坦首次自治政府主席选举，阿拉法特获得压倒性胜利。

2.25　耶路撒冷发生连续爆炸恐怖袭击事件，约 24 人死亡。

3.4　特拉维夫发生巴士爆炸恐怖袭击事件，约 14 人死亡。

4.18　以色列军队炮击位于黎巴嫩的联合国基地，造成 100 人以上死亡，安理会通过决议，要求以色列立即停止。

7.3　俄罗斯总统叶利钦连任。

7.19　第 26 届奥运会在美国亚特兰大举行，日本获得 14 枚奖牌。

9.10　联合国大会通过禁止核试验条约。

9.27　阿富汗反政府武装塔利班占领首都喀布尔，成立临时政府。

11.5　美国总统克林顿连任。

12.2　缅甸学生示威游行持续。

12.9　缅甸军政府软禁昂山素季。

12.17　秘鲁的日本大使公邸发生人质事件，约 600 人被恐怖主义游击队作为人质。

12.20　人质被陆续释放。

过世主要名人

1.7 冈本太郎　1.21 横山 YASUSHI　2.12 司马辽太郎　2.20 武满彻　3.28 金丸信

6.10 宇野千代　7.9 大冢久雄　8.4 渥美清　9.23 藤子·F·不二雄　9.29 远藤周作

1997 年（平成 9 年）

桥本龙太郎

日本国内大事

3.11 茨城县东海村核电站相关设施发生爆炸事故。

3.14 野村证券因总会屋利益输送事件导致社长辞职（于 5.30 被逮捕）。

4.1 消费税率提升至 5%。

4.25 大藏省向经营困难的日产生命保险公司发布停止业务命令。

6.26 日产生命公司业务转移至青叶生命保险公司。

5.15 第一劝业银行利益输送事件导致"总会屋"小池隆一被逮捕。

6.10 第一劝业银行总经理被捕。

6.29 第一劝业银行原董事长自杀。

6.6 禁止核试验条约获国会承认。

6.17 《脏器移植法》成立并于 10.16 施行。

6.28 兵库县警察因神户连续儿童杀伤事件，逮捕了一名 14 岁的少年。

8.11 山一证券因利益输送事件导致董事会成员集体辞职（9.24 山一证券前社长被逮捕）。

9.18 八佰伴日本总公司倒闭。

9.23 日美安保协议会议，决定了日美防卫合作的指针。

11.3 三洋证券倒闭。

11.17 北海道拓殖银行破产。

11.24 山一证券向大藏省提出自主废业的申请。

12.11 《京都议定书》获得通过。

12.17 《介护保险法》公布。

国外大事

4.22 秘鲁日本大使馆人质事件，特种部队进入现场，射杀 14 名恐怖分子。

4.29 禁止化学武器条约生效。

5.1 英国下院选举，工党获得压倒性胜利，时隔 18 年夺回政权，布莱尔成为首相。

6.20 G8 丹佛峰会召开，俄罗斯成为正式成员国。

7.1 香港回归中国。

10.8 金正日就任朝鲜劳动党总书记。

10.27 香港股市急跌导致全球股市同步下跌。

11.20 伊拉克接受联合国大规模杀伤性武器检查。

12.18 韩国总统选举，金大中当选，实现了韩国历史上首次政权交替。

过世主要名人

1.26 藤泽周平　3.8 池田满寿夫　3.10 万屋锦之介　6.16 住井 SUE　6.21 腾新太郎
8.1 永山则夫　12.20 伊丹十三　12.24 三船敏郎　12.30 星新一

年份	1998 年（平成 10 年）	
首相	桥本龙太郎	小渊惠三（7.30—）

<table>

日本国内大事

1.6 自由党成立，党首为小泽一郎。	7.24 自民党总裁选举，小渊惠三当选新总裁。
1.23 民政党成立，党首为羽田孜。	7.25 和歌山发生咖喱投毒事件。
2.7 第 18 届长野冬奥会开幕，日本共获得 10 枚奖牌。	7.30 小渊惠三内阁上台。
2.18 日兴证券利益输送事件爆发，新井将敬众院议员被请求逮捕令（2.19 新井议员自杀）。	10.7 韩国总统金大中访日，天皇在会谈中针对过去的朝鲜半岛殖民统治称"深感悲伤"。
3.19 《特定非营利活动促进法》（NPO 法）获得国会通过。	10.12 金融机能再生紧急措施法获国会通过。
4.27 民政党等政党加入民主党，新民主党首菅直人，干事长为羽田孜。	11.7 新党平和与公明党合并，党首为神崎武法。
6.1 社会民主党、先驱新党脱离与自民党的合作关系，自民党成为单独执政党。	11.14 日本长期信用银行归入特别公共管理之下。
6.22 金融监督厅成立并启动。	11.15 冲绳县知事选举，稻岭惠一当选，阻止了大田的再次连任。
7.12 第 18 届参议院选举，自民党惨败，民主党与共产党议席大幅增加，桥本龙太郎表明辞职意愿。	12.17 日本债券信用银行归入特别公共管理之下。
	12.15 金融再生委员会启动。

国外大事

2.25 金大中就任韩国总统。

4.10 北爱和平谈判取得一致。

5.2 欧盟首脑会议，决定 1999 年引入统一货币欧元。

5.11 印度强行实施地下核试验。

8.31 朝鲜发射导弹大浦洞 1 号。

9.27 德国大选，社会民主党夺得政权。

10.27 施罗德当选德国总理。

12.16 美英两国以拒绝联合国检查为由，制裁打击伊拉克。

过世主要名人

1.28 石之森章太郎　5.19 宇野宗佑　9.5 堀田善卫　9.6 黑泽明　10.12 佐多稻子
11.11 淀川长治　11.30 横井英树

</table>

1999 年（平成 11 年）

小渕惠三

1.14 自民党、自由党组成联合政权。

3.12 金融再生委员会认可向 15 家大型银行投入总额 7 兆 4592 亿日元的公共资金。

3.27 日产汽车同法国雷诺汽车建立协作关系，卡洛斯·戈恩就任 CEO。

4.13 则定卫东京高检事长因丑闻辞职。

5.7 情报公开法获得国会通过。

5.24 周边事态法等 3 部与新方针有关联的法案获得通过。

7.29 改正国会法获得通过，从 2000 年开始在参众两院设置宪法调查会。

8.9 国旗国歌法获得通过。

8.12 改正住民基本台账法获得通过，组织犯罪对策有关三项法案获得通过。

9.25 民主党党首选举，鸠山由纪夫当选新党首。

9.30 茨城县东海村核原料加工企业的设施发生临界事故，造成 230 人受到核辐射。

10.5 公明党参加自民党、自由党的联合政权。

12.23 冲绳县名护市议会通过接受普天间基地代替设施的决议。

1.1 欧元诞生。

3.1 《禁止杀伤人员地雷公约》生效。

3.12 波兰、捷克、匈牙利签署文件加入北约，北约扩大至 19 国。

3.24 北约军队在科索沃战争中轰炸南斯拉夫。

6.10 科索沃战争停战。

4.11 印度试验发射中程弹道导弹。

4.30 柬埔寨加入东盟。

6.15 朝鲜舰艇进入黄海的韩国水域，双方发生枪战。

7.11 印度、巴基斯坦同意在克什米尔纠纷中停战。

8.17 土耳其大地震，死亡约 18000 人。

8.30 印尼东帝汶实施公投，独立派获得压倒性胜利。

10.19 国民协议会决议判定印尼合并东帝汶无效，承认东帝汶独立。

12.20 澳门回归中国。

12.31 俄罗斯总统叶利钦辞职，指名总理普京接任总统。

1.25 三木宪平　1.31 巨人马场　3.27 冲田浩之　5.4 长洲一二　5.6 东山魁夷

7.21 江藤淳　10.3 盛田昭夫　11.3 佐治敬三

年份	2000 年（平成 12 年）	
首相	小渊惠三	森喜朗（4.5—）

日本国内大事

1.27 大型借贷公司日荣因恶性拆借被命令停止业务。

1.28 新潟县失踪女性时隔 9 年 2 个月之后重新获得保护（2.11 软禁女性的男人被捕）。

4.1 介护保险制度启动。

4.3 因联合政权脱离问题，自由党出现分裂，主张保持联合政权派成立保守党，党首为扇千景。

4.4 小渊惠三因脑梗昏迷，青木干雄临时代理首相宣布内阁总辞职。

4.5 自民党选出森喜朗为新总裁，与公明党、保护党建立联合政权，森喜朗内阁上台。

4.6 手机保有量超过 5000 万只。

5.3 一名 17 岁少年在九州高速公路劫持一辆西铁高速巴士，刺杀了一名乘客。

5.14 森首相作了"日本是神之国"的发言。

5.18 《跟踪犯规制法》获得通过。

6.16 皇太后（香淳皇后）逝世。

7.1 金融厅启动。

7.2 雪印乳业因牛奶发生食物中毒事件被停业。

7.12 崇光百货集团申请适用民事再生法。

7.21 G8 冲绳峰会举行。

8.11 日本银行时隔 1 年半时间解除零利率政策。

8.18 伊豆诸岛三宅岛的雄山火山大喷发。

9.4 三宅村居民全员到岛外避难。

10.10 白川英树获得诺贝尔化学奖。

12.8 改正少年法开始施行，刑事处罚对象年龄调整至 14 岁起。

12.31 世田谷一家杀人事件。

国外大事

3.26 俄罗斯总统选举，普京当选。

6.13 韩国总统金大中访问朝鲜，和金正日总书记实现首次南北首脑会谈。

9.15 第 27 届悉尼奥运会开幕，日本总计获得 18 枚奖牌。

9.24 南斯拉夫总统选举发生骚乱。

11.7 美国总统选举，共和党候选人小布什与民主党候选人戈尔在佛罗里达州得票接近。

12.13 美国联邦最高法院判定小布什胜选。

过世主要名人

2.9 荒井注　4.22 武谷三男　5.14 三浦洋一　6.19 竹下登　10.12 都蝶蝶

12.5 铃木曾野子

年份	2001 年（平成 13 年）	
首相	森喜朗	小泉纯一郎（4.26—）

日本国内大事

1.6 中央省厅重组为 1 府 12 省厅。

2.9 爱媛县立宇和岛水产高中实习船被美国核潜艇撞击沉没，造成 9 人死亡。

4.3 "新历史教科书编纂会"的中学历史公民课教科书在教科书检定中被认定合格。

4.24 自民党总裁选举，小泉纯一郎获得压倒性胜利。

4.26 小泉纯一郎内阁上台，田中真纪子担任外务大臣。

5.11 熊本地方法院在麻风病国赔诉讼中指出"立法不作为"，判决原告全面胜诉。

6.8 一名男子闯入大阪教育大学附属池田小学，刺杀了 8 名儿童。

7.29 第 19 届参议院选举，联合执政的 3 党确保议席过半，比例选举区导入非拘束名簿方式。

9.17 扇千景辞去保守党党首之职，后任党首为野田毅。

9.21 日本确认首例疯牛病感染。

10.10 野依良治获得诺贝尔化学奖。

10.29 恐怖袭击对策特别措施法获通过，此后使成为美国军事行动的后方支援有了可能。

12.1 皇太子第一子敬宫爱子内亲王出生。

国外大事

1.20 小布什就任美国总统。

3.2 塔利班破坏巴米扬大佛。

9.11 美国发生大规模恐怖袭击，包括 24 位日本人在内共 3000 多人死亡。

9.15 美国认定本·拉登所领导的"基地"组织实施了恐怖袭击。

10.7 美英两国军队开始进攻阿富汗。

11.13 塔利班势力被摧毁。

12.22 以卡尔扎伊为首的阿富汗临时政府启动。

过世主要名人

3.1 久和瞳　3.14 井田真木子　4.14 三波春夫　5.17 团伊玖磨　7.28 山田风太郎

8.19 伊谷纯一郎　9.9 相米慎二

2002 年（平成 14 年）

小泉纯一郎

日本国内大事

1.29 外务省内斗导致野上义二次官被撤。
1.30 外务大臣田中真纪子被撤。
2.1 川口顺子出任外务大臣。
3.18 自民党众议员加藤纮一因所得税不法事件选择脱党。（4.9 辞去议员职务）
3.28 社民党众议员辻元清美因秘书收入欺诈嫌疑辞去议员职务。
5.28 经团联与日经联合并成为日本经济团体联合会（日本经团联）。
5.31 第 17 届足球世界杯在日韩两国举行，巴西夺冠，日本进入 16 强。
6.19 众议员铃木宗男因受贿嫌疑被捕。
7.6 天皇皇后访问中欧东欧。
8.5 住民基本台账网络系统启用。
8.9 众议员员田中真纪子因公设秘书报酬挪用嫌疑辞去议员职务。

9.17 小泉首相作为日本首相首次访问朝鲜，与金正日总书记举行了首次日朝首脑会谈，朝鲜承认绑架日本人，公布日朝平壤宣言。
10.8 小柴昌俊获诺贝尔物理学奖，田中耕一获诺贝尔化学奖。
10.15 被朝鲜绑架的 5 名日本人回国。
12.13 民主党党首鸠山由纪夫辞职，菅直人成为新党首。
12.16 作为美英军队的后方支援活动，海上自卫队的宙斯盾舰出发去往印度洋。

国外大事

1.1 欧元现金正式流通。
3.4 南联盟科索沃临时自治政府启动。
5.20 东帝汶从印尼独立，东帝汶民主共和国诞生。
7.9 非洲统一组织向"非联"（AU）转型。
7.21 美国世界通信公司破产，负债总额 410 亿美元，为美国史上最大负债金额。
9.10 瑞士加入联合国。
10.23 车臣武装匪徒占领莫斯科一家剧院。
11.8 联合国安理会通过伊拉克大规模杀伤性武器核查决议。

11.27 核查开始。
12.19 韩国总统选举，卢武铉当选。

过世主要名人

3.11 古山高丽雄 5.16 柳家小山 6.12 南希·关 7.18 户川京子 10.23 山本夏彦
11.21 高圆宫宪仁亲王

2003 年（平成 15 年）

小泉纯一郎

1.18 天皇接受前列腺手术。

3.23 宫崎骏导演作品《千与千寻》获得奥斯卡奖。

4.1 日本邮政公社启动。

4.16 产业再生机构启动。

4.25 六本木新城建成。

5.23 《个人情报保护法》获通过。

6.6 武力攻击事态法等 3 项与周边安全相关法案通过。

6.10 《高龄社会白皮书》称 75 岁以上的所谓"后期高龄者"人数突破 1000 万。

7.18 前众议员辻元清美因欺诈嫌疑被逮捕。

7.26 伊拉克复兴支援特别措施法获通过，自卫队员向"非战斗地区"派遣部队成为可能。

9.20 小泉连任自民党总裁。

9.21 安倍晋三出任自民党干事长。

9.26 自由党解散，合并入民主党。

10.10 众议院解散。

10.10 日本本土朱鹮灭绝。

11.9 第 43 届众议院选举，执政党获得多数选票。

11.15 社民党土井多贺子辞任党首，福岛瑞穗成为新党首。

11.19 第 2 次小泉内阁成立。

11.21 保守新党解散，合并入自民党。

11.29 足利银行因债务问题破产。

12.25 首次在美国进口牛肉中发现疯牛病，全面停止美国进口牛肉。

2.4 南联盟解体，转型为新国家塞黑。

2.25 卢武铉就任韩国总统。

3.20 伊拉克战争开启。

5.1 小布什宣布伊拉克战争结束。

6.1 G8 峰会在法国埃维昂举办，胡锦涛主席代表中国首次出席 G8 峰会。

9.3 伊拉克临时内阁启动。

11.29 3 名日本外交官在伊拉克被杀害。

12.13 伊拉克前总统萨达姆被抓。

1.12 深作欣二　1.16 秋山庄太郎　3.14 铃木真砂女　3.25 古尾谷雅人　4.19 桂枝雀
5.6 宜保爱子　9.5 青木雄二　12.26 白井义男

年份	2004 年（平成 16 年）
首相	小泉纯一郎

日本国内大事

1.12 山口县发生禽流感。

1.16 根据伊拉克复兴支援特别措施法，陆上自卫队开始派出部队。

1.17 日本共产党全面修改党纲领，承认天皇制和自卫队的存续。

3.24 三菱宣布因零配件缺陷召回一部分产品，之后因隐瞒缺陷等嫌疑三菱前社长被捕。

4.1 营团地铁改组为东京地下铁。

5.7 内阁官房长官福田康夫因未加入国民年金系统等问题宣布辞职。

5.18 民主党党首菅直人辞职，冈田克也成为新党首。

5.21 陪审员法获通过，国民可以参与重大刑事案件的审理。

6.1 长崎县佐世保市一名小学 6 年级女童杀害同班同学。

6.2 道路公团民营化关联法案获通过。

6.14 有事法制相关 7 项法案获通过。

6.18 内阁决议自卫队参加伊拉克多国部队。

6.28 自卫队首次参加多国部队。

7.11 第 20 届参议院选举自民党成绩不理想，民主党议席增加。

7.30 因日本齿科医师会的献金问题，桥本龙太郎辞去自民党桥本派会长一职。

8.13 普天间基地美军直升机坠落在宜野湾市一大学校园内。

8.9 福井县内关西电力美浜核电站发生蒸汽泄漏事故，造成 5 人死亡。

9.27 第 2 次小泉内阁进行改组。

10.23 新潟县发生地震，死者 68 人。

11.5 原众议员铃木宗男因受贿被东京地检定罪。

国外大事

3.29 保加利亚等 7 个国家加入北约。

5.1 波兰等 10 国加入欧盟。

6.1 伊拉克临时政府启动，多国部队继续留守。

8.13 第 28 届雅典奥运会开幕，日本获得 16 枚金牌、9 枚银牌、12 枚铜牌的史上最佳成绩。

10.6 美国政府调查团公布调查结果称，未在伊拉克发现大规模杀伤性武器。

12.26 印度洋发生 9.0 级地震，造成死亡和失踪人数超过 23 万。

过世主要名人

3.20 碇矢长介　4.7 芦屋雁之助　5.15 三桥达也　5.19 金田一春彦　6.20 早坂茂三

6.28 野泽尚　7.19 铃木善幸　9.8 水上勉　12.18 高松宫妃喜久子　12.26 石垣伦

年份	2005 年（平成 17 年）
首相	小泉纯一郎

日本国内大事

2.1 三宅岛的避难指示解除。

3.25 爱知世博会开幕。

4.1 存款保护冻结全面解冻个人情报保护法全面实行，民营企业也承担相关义务。

4.25 JR 福知山线发生脱轨事故，造成 107 人死亡。

5.16 出入国管理改正法、难民认定法施行，难民审查参与员制度开始。

7.21 石棉伤害扩大背景之下，政府向相关业界团体提出停止使用石棉的请求。

8.2 众议院通过战后 60 年决议。

8.8 参议院否决邮政民营化法案，小泉首相解散众议院。

9.11 第 44 届众议院大选中，自民党获得大胜，时隔 15 年单独过半。

9.17 民主党党首冈田克也辞职，前原诚司出任新党首。

9.20 民主党新体制启动，鸠山由纪夫出任干事长。

9.21 第 3 次小泉内阁启动，全部阁员留任。

10.14 邮政民营化法案获通过。

10.28 自民党公布的首份新宪法草案明文写道"持有自卫军"。

10.31 小泉内阁改组，安倍晋三出任官房长官，麻生太郎任外相。

11.24 "皇室典范有关的专家会议"向小泉首相提交了容许女性女系天皇的报告书。

国外大事

2.16 《京都议定书》生效。

5.29 法国全民公投否决了欧盟宪法案。

6.1 荷兰全民公投否决了欧盟宪法案。

6.17 欧盟首脑会议，放弃原定 2006 年 11 月宪法生效的日程。

6.24 强硬保守派候选人内贾德当选伊朗总统。

7.7 伦敦同时发生多起爆炸恐怖袭击事件，56 人死亡。

9.18 德国下院选举，保守在野党联盟获得胜利。

11.22 "基民盟"党首默克尔成为德国历史上首位女总理，基民盟与社民党组成大联合政权。

过世主要名人

2.19 冈本喜八　3.22 丹下健三　5.24 石津谦介　6.10 仓桥由美子　7.8 串田孙一

9.19 后藤田正晴、中内功　11.6 本田美奈子　11.26 宫城音弥　12.15 仰木彬

年份	2006 年（平成 18 年）	
首相	小泉纯一郎	安倍晋三（9.26—）

日本国内大事

1.23 活力门（Livedoor）公司社长堀江贵文等因涉嫌违反证券交易法被逮捕。

3.31 民主党党首原诚司因假邮件问题辞职，小泽一郎继任新党首。

5.1 日美安保协议确定自卫队和美军之间合作的扩大与强化，以及减轻冲绳的负担。

6.5 "村上基金"的代表村上世彰因涉嫌违反证券交易法被捕。

6.20 小泉首相向陆上自卫队作出从伊拉克撤回的命令。

7.5 朝鲜发射 7 枚导弹，落在日本海，日本政府发动对朝鲜的经济制裁措施。

7.14 日本银行解除零利率政策。

9.6 秋筱宫家长子悠仁出生。

9.15 麻原彰晃确认死刑。

9.20 安倍晋三当选自民党总裁。

9.26 自民党、公明党联合政权下的安倍晋三内阁上台。

9.30 太田昭宏出任公明党党首。

12.13 贷金业法获通过。

12.15 改正教育基本法获通过。

国外大事

1.31 小布什总统在国情咨文演说中要求伊朗放弃核武器。

2.10 第 20 届冬奥会在意大利都灵开幕，荒川静香在花样滑冰中夺得金牌。

5.2 意大利贝卢斯科尼总理辞职。

5.17 意大利普罗迪内阁上台。

5.20 伊拉克马利基内阁上台。

9.8 美国参议院情报特别委员会公布了伊拉克战争理由不足的报告。

10.9 朝鲜实施地下核试验。

10.13 日本追加制裁朝鲜措施。

10.14 联合国安理会制裁朝鲜决议。

12.30 伊拉克前总统萨达姆被执行死刑。

过世主要名人

2.8 伊福部昭　2.17 茨木典子　5.30 今村昌平　7.1 桥本龙太郎　7.31 吉村昭、鹤见和子
9.24 丹波哲郎　10.30 白川静　11.23 灰谷健次郎　12.20 青岛幸男

| 首相 | 安倍晋三 | 福田康夫（9.25—） |

日本国内大事

1.9 防卫省启动。

2.17 社会保险厅被发现漏记居民年金相关记录多达 5000 万件。

3.6 北海道夕张市政府破产，转为财政再建团体，受国家直接管理。

3.30 导弹防御系统（MD）启用。

4.17 长崎市长伊藤一长被枪击，翌日死亡。

4.24 全国学力测试时隔 43 年度再度实施。

4.25 2006 年年度贸易中，中国超过美国成为日本最大贸易伙伴国。

4.27 新丸大楼开业。

5.10 熊本市的医院设置用于接受弃婴的"婴儿邮箱"。

5.14 国民投票法获通过（2015 年正式实施）。

6.20 改正刑事诉讼法获通过，犯罪受害者及家属可参加刑事裁决。

7.3 久间章生防卫大臣因失言辞职，小池百合子继任防卫大臣。

7.16 新潟县发生地震，死亡 15 人。

7.29 第 21 届参议院选举，自民党历史性惨败，民主党成为参议院第一大党。

9.12 安倍首相表明辞任意愿。

9.25 福田康夫内阁上台。

10.1 日本邮政公社分割、民营化。

11.2 恐怖攻击对策特别措施法失效，印度洋的海上自卫队的加油作业停止。

11.21 京都大学山中伸弥教授等发表研制诱导性多能干细胞（iPS 细胞）成功的消息。

国外大事

1.1 保加利亚、罗马尼亚加入欧盟，斯洛文尼亚加入欧元区。

2.8 朝鲜核问题六方会谈举办。

2.14 中国经常账户余额超过日本成为世界第一。

5.6 萨科齐当选法国总统。

6.14 哈马斯控制巴勒斯坦加沙地区，与控制约旦河西岸地区的法塔赫正式分裂。

8.9 次贷危机爆发，全球股市同步暴跌，美欧日中央银行给予资金支持。

12.13 欧盟 27 国签署里斯本条约。

12.19 李明博当选韩国总统。

过世主要名人

1.5 安藤百福　1.17 井泽八郎　3.22 城山三郎　3.27 植木等　5.3 横山诺克

5.22 平岩外四　5.27 坂井泉水　6.28 宫泽喜一　7.18 宫本显治　7.19 河合隼雄

7.30 小田实　8.1 阿久悠　9.4 濑岛龙三　11.13 稻尾和久

年份	2008 年（平成 20 年）	
首相	福田康夫	麻生太郎（9.24—）

日本国内大事

1.11 众议院通过新恐怖袭击对策特别措施法，海上自卫队重新开始在印度洋上的加油作业。

2.19 海上自卫队宙斯盾护卫舰在房总半岛附近海域与渔船相撞。

4.1 后期高龄者医疗制度启动。

4.30 改正地方税法获通过，家乡纳税制度开始引入。

7.7 在北海道洞爷湖召开 G8 峰会。

9.1 福田首相表明辞职意愿。

9.24 麻生太郎内阁上台。

9.25 美国海军核动力航母"华盛顿号"配备在横须贺美军基地。

10.1 观光厅启动。

10.10 大和生命保险公司破产。

10.28 海上自卫队宙斯盾舰情报泄露事件，被告海军军官一审有罪，为秘密保护法下的首次司法判刑。

10.31 公开发表与政府见解明显不一致的论文的航空自卫队幕僚长田母神俊雄被撤职。

11.28 向派遣至伊拉克的航空自卫队发送撤回命令。

10.7 南部阳一郎、小林诚、益川敏英获诺贝尔物理学奖。

10.8 下村脩获诺贝尔化学奖。

国外大事

2.24 古巴领导人菲德尔·卡斯特罗引退，其弟劳尔·卡斯特罗接任。

3.2 俄罗斯总统选举，梅德韦杰夫当选总统，普京转任总理。

5.8 意大利贝卢斯科尼内阁上台。

8.7 格鲁吉亚南奥塞梯独立派与格鲁吉亚政府军发生军事冲突。

8.13 阿布哈兹自治共和国被独立派全面控制。

8.26 俄罗斯承认南奥塞梯和阿布哈兹独立。

8.8 第 29 届北京奥运会开幕，日本获得总共 25 枚奖牌。

9.15 美国雷曼兄弟公司倒闭，为美国史上最大规模投资银行破产案。

9.16 美国国际集团 (AIG) 归于美国政府管理之下。

9.25 华盛顿互助银行倒闭。

9.29 紧急经济稳定化法案遭国会否决，道琼斯指数暴跌历史最大跌幅 777.68 点，世界金融陷入不安。

10.3 美国众议院通过 7000 亿美元政府资金投入的金融稳定化法案。

11.4 奥巴马当选美国总统，美国历史上首位黑人总统。

11.14 G20 首次经济首脑会议（金融峰会）召开。

过世主要名人

2.13 市川昆　4.2 石井桃子　4.6 川内康范　8.2 赤冢不二夫　9.14 小岛直记

10.5 绪形拳　10.11 三浦和义　11.7 筑紫哲也　12.5 加藤周一　12.24 饭岛爱

年份	2009 年（平成 21 年）	
首相	麻生太郎	鸠山由纪夫（9.16—）

日本国内大事

3.3 东京地检特搜部以违反政治资金规正法之名，逮捕民主党首小泽一郎的秘书。

3.10 日经指数创下泡沫经济破灭之后最低点 7054.98 点。

4.1 《麻风病问题基本法》施行。

5.11 民主党首小泽一郎因西松建设违法献金事件遭批判，宣布辞职。

5.16 鸠山由纪夫就任民主党新党首。

5.21 裁判员（陪审员）制度开始实施。

7.8 《水俣病救济法》获得通过。

7.13 改正脏器移植法获通过，脑死亡获得认可。

7.19 民主党首鸠山由纪夫表示，冲绳普天间基地的代替设施"最低底线是放在县外"。

8.30 第 45 届众议院选举，民主党大胜，政权轮替。

9.1 消费者厅启动。

9.9 民主党、社民党、国民新党正式同意成立联合政权。

9.16 鸠山由纪夫内阁上台。

9.17 前原诚司出任国土交通大臣，表明将停止建设八场水坝。

10.29 日本航空发表重建方针。

12.11 日美就航空自由化达成一致。

12.15 鸠山首相向美国驻日大使传达，推迟决定普天间机场的最终移转地。

12.24 鸠山首相的多名前秘书以违反政治资金规正法为由被起诉。

国外大事

1.20 奥巴马就任美国总统。

4.5 奥巴马在布拉格演讲，提出"无核世界"。

4.5 朝鲜发射导弹，导弹飞过日本上空落在太平洋。

4.13 联合国安理会发布议长声明对朝鲜表示谴责。

4.30 美国克莱斯勒汽车公司破产。

5.25 朝鲜进行地下核试验。

7.4 朝鲜向日本海方向发射导弹。

7.16 联合国安理会公布对朝鲜官员的制裁决定。

10.9 奥巴马获得诺贝尔和平奖。

10.25 伊拉克首都巴格达发生多起爆炸案，死者 155 人。

过世主要名人

5.2 忌野清志郎　8.2 古桥广之进　8.3 大原丽子　8.12 山城新伍　10.3 中川昭一

10.29 三游亭圆乐　11.10 森繁久弥　11.16 水之江泷子　12.2 平山郁夫

年份	2010年（平成22年）	
首相	鸠山由纪夫	菅直人（6.4—）

日本国内大事

1.1 日本年金机构启动。
1.6 海洋守护协会的快艇撞击日本捕鲸船。
1.15 海上自卫队的印度洋加油作业结束。
1.24 冲绳县名护市市长选举中，对搬迁至边野古表示反对的候选人稻岭进当选市长。
3.9 外务省专家委员会承认1960年安保修订时存在将核武器携带入日本的日美密约。
3.26 足利事件中的菅家利和再审判无罪。
4.19 以大阪府知事桥下彻为党首的地区政党"大阪维新会"成立。
4.20 宫崎县发现牛出现口蹄疫。
4.25 冲绳县举行反对县内搬迁的9万人集会。
4.27 改正刑事诉讼法获通过，杀人等恶性案件的时效性被废止。
5.6 停运14年的文殊核电机组再次开始运转。
5.23 鸠山首相表明美军普天间机场将搬迁至边野古，并向冲绳县知事道歉。

5.28 日美发表共同声明，确认普天间基地的搬迁地为名护市边野古。
5.30 社民党退出联合政权。
6.2 鸠山首相表明下台意愿，民主党干事长小泽一郎也宣布辞职。
6.4 菅直人接任民主党新党首，菅直人内阁上台。
7.11 第22届参议院选举，民主党失利。
7.17 《改正脏器移植法》施行。
9.10 厚生劳动省文件伪造事件，村木厚子前局长被判无罪，检察官篡改证据一事被曝光。
10.1 大阪地检特搜部的前部长等人因隐秘篡改证据一事而被捕。
10.6 铃木章、根岸英一获得诺贝尔化学奖。
11.6 国土交通大臣马渊澄夫宣布撤回停止建设八场水坝的方针。
11.28 仲井真弘多连任冲绳县知事。

国外大事

1.12 海地发生地震，超过22万人死亡。
2.12 第21届冬奥会在温哥华开幕，日本获得3枚银牌、2枚铜牌。
3.29 莫斯科连续发生多起自杀性爆炸案，约40人死亡。
4.14 中国青海省发生7.1级地震。
5.1 上海世博会开幕。
5.2 欧盟和国际货币基金组织（IMF）决定支援陷入财政危机的希腊。
8.5 智利圣何塞发生矿山事故。

8.31 奥巴马总统发表宣言，称驻伊美军的战斗任务结束。
9.28 朝鲜金正日总书记的三子金正恩当选为朝鲜劳动党中央委员。
11.1 俄罗斯总统梅德韦杰夫访问南千岛群岛（日本称"北方四岛"）之一的国后岛。
11.2 美国中期选举，奥巴马带领的民主党大败。
11.23 朝鲜炮击韩国大延坪岛。

过世主要名人

2.8 立松和平　2.17 藤田诚　4.9 井上厦　7.3 梅棹忠夫　8.21 梨元胜　9.26 池内淳子

首相

菅直人　　　　　　　　野田佳彦（9.2—）

日本国内大事

1.22 宫崎县确认发现禽流感。

1.31 民主党前党首小泽一郎因土地交易事件被强制起诉。

3.11 发生东日本大地震，9 级地震引发海啸，给岩手、宫城、福岛等东北地区造成毁灭性灾害，东京电力福岛第一核电站的炉心冷却系统停止，发布首次核能紧急事态宣言。

3.12 福岛第一核电站发生氢气爆炸，大量核辐射扩散，东京电力承认 1 号到 3 号机组都发生炉心熔融。

3.30 东京电力宣布福岛第一核电站将被废炉。

4.1 福岛第一核电站被发现有辐射污染水流出。

4.12 原子能安全保安院将福岛核事故提升为切尔诺贝利级的 7 级。

4.22 福岛核电站方圆 20 公里被宣布为警戒区。

5.6 菅首相向中部电力公司要求停运滨冈核电站。

6.20 《复兴基本法》获通过，主要内容包括设立复兴厅、发行复兴债等。

7.1 东京电力、东北电力管辖范围内发出电力使用限制令。

7.5 松本龙复兴大臣辞职。

7.16 关西电力大阪核电站 1 号机发生故障并停止。

8.3 核能损害赔偿支援机构法获得通过。

9.2 野田佳彦内阁上台。

11.1 政府决定向南苏丹派遣自卫队。

11.8 奥林巴斯公司被曝光隐瞒 1000 亿日元以上的损失。

11.27 大阪维新会的桥下彻、松井一郎分别当选大阪市长、大阪府知事。

12.16 野田首相宣布核反应堆处于冷温停止状态，核事故宣告结束。

国外大事

1.14 突尼斯总统本·阿里因国内游行示威激化而外逃，"阿拉伯之春"开启。

1.20 中国发布 2010 国内生产总值（GDP）数据，超过日本成为世界第二。

2.11 埃及要求民主化的游行示威发生激化，穆巴拉克总统宣布辞职。

2.22 新西兰南部发生地震。

4.28 巴勒斯坦主要政治势力法塔赫与哈马斯取得和解。

5.2 美军在巴基斯坦找到并击毙本·拉登。

6.13 意大利全民公投，反对核电站派大胜，核电重启被暂停。

8.6 标普公司首次下调美国国债信用评级。

10.20 利比亚反对派杀死卡扎菲。

12.18 美军完成从伊拉克撤军。

12.19 朝鲜宣布金正日逝世以及金正恩接班的消息。

过世主要名人

2.5 永田洋子　3.8 谷泽永一　5.6 团鬼六　5.16 儿玉清　5.21 长门裕之
7.26 小松左京　7.27 伊良部秀辉　11.21 立川谈志　12.10 市川森一

年份	2012 年（平成 24 年）	
首相	野田佳彦	安倍晋三（12.26—）

日本国内大事

2.18 天皇接受心脏手术。

3.27 夏普和台湾鸿海宣布在资本及业务方面的合作。

5.22 东京晴空塔开业。

6.27 东京电力公司事实国有化。

9.26 安倍晋三当选自民党总裁。

9.28 国政政党"日本维新会"启动，党首为大阪市长桥下彻，干事长为大阪府知事松井一郎。

10.1 普天间基地装备美国新型运输机"鱼鹰"。

10.8 京都大学教授山中伸弥获得诺贝尔医学生理学奖。

12.16 众议院大选自民党获得压倒性胜利，加上公明党，总共获得三分之二的议席。

12.16 东京都知事选举，猪濑直树当选。

12.25 原经济产业大臣海江田万里出任民主党党首。

12.26 第 2 次安倍晋三内阁上台，自民党和公明党时隔 3 年 3 个月重新成立联合政权。

国外大事

1.20 欧元区 17 国决定投入 13 亿 8000 万日元的支援资金。

3.4 俄罗斯总统选举，普京当选总统，梅德韦杰夫出任总理。

4.11 金正恩出任朝鲜劳动党第一书记。

7.27 第 30 届伦敦奥运会开幕，日本获得史上最多的 38 块奖牌。

8.10 韩国总统李明博登陆独岛（日本称竹岛）。

11.6 奥巴马总统连任成功。

11.15 习近平就任中共中央总书记。

12.12 朝鲜发射远程弹道导弹。

过世主要名人

3.14 榎本喜八　3.16 吉本隆明　6.25 团藤重光　8.5 浜田幸一　9.16 樋口广太郎

10.13 丸谷才一　12.10 小泽昭一

| 首相 | 安倍晋三 |

日本国内大事

1.11 内阁通过紧急经济政策，总额高达 20.2 兆日元。

2.1 放松对美国产牛肉的进口限制。

3.15 安倍首相表明日本将参加跨太平洋伙伴关系协定（TPP）。

3.20 黑田东彦就任日本银行总裁。

3.22 安倍政权向冲绳县知事提出申请，为准备普天间基地搬迁，在边野古地区进行填海作业。

4.4 日本银行决定向金融市场投放的资金量 2 年时间增加至 2 倍，为史上最大规模量化宽松。

4.5 东京电力公布福岛第一核电站污染水泄漏情况。

5.30 核能规制委员会作出禁止文殊核电站恢复运行的准备工作的决定。

6.22 富士山进入世界文化遗产名录。

7.2 东京电力表示将申请重启柏崎刈羽核电站。

7.21 参议院选举，自公执权联盟获得压倒性胜利，"扭曲国会"现象解除。

7.22 东京电力承认福岛第一核电站污染水被排到了海里。

9.7 东京获得 2020 年奥运会主办权。

12.6 特定秘密保护法获通过。

12.19 东京都知事猪濑直树因金钱收受问题宣布辞职。

12.27 冲绳县知事仲井真认可边野古填海作业。

国外大事

2.11 教皇本笃十六世宣布辞职。

2.12 朝鲜实施第三次核试验。

3.13 方济各成为新教皇。

3.25 欧盟各国同意支援塞浦路斯 100 亿欧元。

3.31 中国政府公布禽流感传染人的病例。

4.20 中国四川发生 7 级地震。

8.14 埃及发生支持前总统穆尔西的游行示威，部队出动镇压，造成 900 人以上死亡。

9.5 G20 峰会，针对叙利亚问题美国总统奥巴马与俄罗斯总统普京意见相左。

9.22 德国大选，执政党大获全胜，默克尔再次连任总理。

12.12 朝鲜前国防委员会副委员长张成泽以"颠覆国家"的罪名被处决。

过世主要名人

1.15 大岛渚　1.26 安冈章太郎　2.8 江副浩正　4.14 三国连太郎　5.3 中坊公平

8.24 谷川健一　9.29 山崎丰子　10.13 柳濑嵩　11.8 岛仓千代子　12.30 大泷咏一

年份	2014 年（平成 26 年）
首相	安倍晋三

日本国内大事

1.7 国家安全保障局启动。

1.19 冲绳县名护市市长选举，反对美军基地搬移至边野古的稻岭进获得连任。

1.29 理化学研究所等机构发表研制出"STAP细胞"。

3.23 大阪市市长选举，桥下彻连任。

4.1 消费税率提升至 8%。

4.1 理化学研究所认定，STAP 细胞论文存在不规范。

4.9 针对 STAP 细胞问题，小保方晴子召开记者会，表示不会撤回论文。

4.11 内阁决议通过能源基本计划，明确核能将作为主要用电来源之一，核电站将获得重启。

4.11 改正少年法获通过，青少年犯罪的刑期上限提升至 15 年。

5.15 安倍首相表明将讨论容许行使集体自卫权的问题。

6.21 富冈制丝场和绢产业遗址群登录世界文化遗产名录。

7.1 安倍内阁决议，容许行使集体自卫权。

9.9 宫内厅发表"昭和天皇实录"。

9.11 朝日新闻删除"吉田调查报道"。

9.27 长野县、岐阜县边境的御狱山火山喷发。

10.7 赤崎勇、天野浩、中村修二获得诺贝尔物理学奖。

11.16 冲绳县知事选举，反对搬迁边野古的候选人翁长雄志当选。

12.10 特定秘密保护法施行。

12.14 众议院选举，执政联盟大胜。

12.19 理化学研究所宣布取消 STAP 细胞的验证实验。

12.27 内阁决议规模达 3.5 兆日元的经济对策。

国外大事

2.7 第 22 届索契冬奥会开幕，日本获得总共 8 枚奖牌。

2.23 乌克兰发生政权危机。

3.18 俄罗斯吞并克里米亚。

4.16 韩国客船"世越号"沉没，约 300 人死亡。

5.16 印度大选，在野党人民党获得压倒性胜利，实现政权交替，莫迪出任印度新总理。

5.22 泰国发生军事政变。

7.17 马来西亚航空一架客机在乌克兰东部被击毁，298 人死亡。

8.8 美军空袭伊拉克境内恐怖组织"伊斯兰国"。

11.10 跨太平洋伙伴关系协定（TPP）首脑会谈，在没有确定签署协议日程的情况下闭幕。

12.17 奥巴马总统表明美国同古巴将针对恢复邦交进行谈判。

过世主要名人

1.3 家铺隆仁 1.16 小野田宽郎 2.28 MADO 道雄 3.12 大西巨人 4.30 渡边淳一 5.40 粕谷一希 9.7 山口淑子 9.18 宇泽弘文 9.20 土井多贺子 10.26 赤濑川原平 11.10 高仓健 11.27 松本健一 12.30 宫尾登美子

年份	2015 年（平成 27 年）

首相 安倍晋三

日本国内大事

2.20 川崎市的多摩川发现一名中学一年级男生尸体，警方以杀人嫌疑逮捕多名18 岁少年。

3.31 东京涩谷区通过《同性伴侣条例》。

4.8 天皇皇后访问帕劳。

5.27 东京电力表示福岛第一核电站高浓度污染水"处理完成"。

5.29 口永良部岛的新岳火山喷发。

6.1 日本年金机构遭受黑客攻击，年金信息泄露。

6.17 涉及选举权年龄变更内容的改正公职选举法获得通过。

7.21 因为做假账，东芝公司 3 任社长引咎辞职。

7.31 东京电力前董事长等 3 人因核泄漏事故将被强制起诉。

8.5 文部省公布提案，2022 年度起高中阶段新设必修课"公共"科目。

8.11 九州电力公司川内核电站 1 号机重启。

8.14 安倍内阁通过决议，发表战后 70 周年的"安倍谈话"。

8.15 天皇表明"对前一次大战深刻反省"。

8.27 指定暴力团体"山口组"发生分裂。

9.19 规定了集体自卫权行使要件的安全保障关联法案获得通过。

10.5 大村智获得诺贝尔医学生理学奖。

10.6 梶田隆章获得诺贝尔物理学奖。

10.13 冲绳县翁长知事取消边野古。填海作业许可

12.28 日韩外相会谈，就慰安妇问题达成一致。

国外大事

2.15 乌克兰东部停火。

4.11 奥巴马总统与古巴领导人劳尔·卡斯特罗会谈。

4.25 尼泊尔发生 7.8 级地震，约 9000 人死亡。

7.20 美国古巴恢复邦交。

9.3 中国举行纪念抗战胜利 70 周年阅兵仪式。

11.7 习近平与马英九会谈。

12.12 联合国气候变化框架条约取得各国一致。

过世主要名人

1.21 陈舜臣 1.26 奥平康弘 4.22 船户与一 5.6 松下圭一 5.17 车谷长吉

7.20 鹤见俊辅 8.3 阿川弘之 9.5 原节子 10.31 佐木隆三

11.30 水木繁 12.9 野坂昭如 12.16 安藤升

年份	2016 年（平成 28 年）	
首相	安倍晋三	

日本国内大事

1.29 日本银行决定导入负利率政策。

2.26 统计显示2015年日本人口首次减少。

2.29 东京电力前董事长等3人，因核泄漏事故正式被强制起诉。

3.27 民主党与维新党合并，成立民进党，首任党首为冈田克也。

3.29 规定了集体自卫权行使要件的安全保障关联法案开始实施。

4.1 电力零售制度全面自由化。

5.26 G7 伊势志摩峰会召开。

5.27 奥巴马总统访问广岛。

6.19 降低选举权年龄的改正公职选举法开始实施。

7.10 参议院选举，执政党获得大胜，"修宪"势力达到参众两院三分之二的议席。

7.31 东京都知事选举，小池百合子当选。

8.8 天皇表明生前退位的意愿。

8.14 偶像组合 SMAP 宣布将于年内解散。

10.3 日产汽车将三菱汽车收归旗下。

10.3 大隅良典获得诺贝尔医学生理学奖。

11.7 由于涉嫌违法要求员工长时间工作，电通公司总部等地被强制搜查。

11.15 内阁决议，赋予参加南苏丹维和行动任务的陆上自卫队警卫新任务。

12.27 安倍首相访问夏威夷珍珠港。

国外大事

1.1 中国结束"独生子女"政策。

1.6 朝鲜第 4 次核试验。

3.20 美国总统奥巴马访问古巴，为 88 年来首次现任美国总统访古。

3.30 台湾鸿海集团决定收购夏普。

3.30 缅甸新政权上台。

6.23 英国公投决定"脱欧"，首相卡梅伦宣布辞职。

9.9 朝鲜第 5 次核试验。

11.4 应对全球温室效应的新规则"巴黎协定"开始生效。

11.8 美国总统大选，共和党候选人特朗普当选。

11.22 俄罗斯在南千岛群岛（日本称"北方四岛"）的国后岛、择捉岛配备地对舰导弹。

12.9 韩国国会通过决议，弹劾总统朴槿惠。

过世主要名人

4.10 山岸章 4.26 户川昌子 5.12 蜷川幸雄 6.21 鸠山邦夫 7.7 永六辅
7.12 大桥巨泉 7.26 中村纮子 7.31 千代之富士贡 8.13 下河边淳 9.9 加藤纮一
10.20 田部井淳子、平尾诚二 10.27 三笠宫崇仁亲王 12.30 渡边和子

年份	2017 年（平成 29 年）	
首相	安倍晋三	

日本国内大事

1.27 东芝公司决定将半导体业务分割出去并成立分公司。

2.7 防卫省公布了此前宣称已废弃的维和行动派遣部队的日报内容。

2.9 向森友学园出售国有土地的嫌疑被曝光。

2.23 日产汽车宣布戈恩将于 4 月 1 日离任CEO。

2.24 开启促进消费的 Premium Friday。

3.10 政府决定 5 月底撤回在南苏丹参与维和行动任务的陆上自卫队。

3.23 森友学园的笼池泰典理事长到国会出席质询，针对国有土地征用问题，表示曾和安倍首相夫人商谈过。

3.29 东芝公司的美国核能业务子公司西屋公司破产。

4.21 有关天皇生前退位问题，专家会议作出最终报告。

4.25 根据冲绳普天间基地的搬迁计划，政府开始着手在边野古进行工事。

4.26 今村雅弘复兴大臣因为失言辞职。

5.3 安倍首相提及 2020 年施行新宪法的可能。

5.17 有关加计学园创设兽医学部问题，发现有所谓"总理意向"的文件存在。

6.9 天皇的退位特例法获通过。

6.13 首次确认发现强毒性的外来物种火蚁。

国外大事

1.20 特朗普就任美国总统，表明"美国第一主义"，否定国际合作路线。

3.10 韩国宪法法院宣布对朴槿惠的弹劾成立，罢免有效。

3.31 韩国检方以受贿及滥用职权的罪名逮捕朴槿惠。

5.7 马克龙当选法国总统。

5.10 韩国总统选举，文在寅当选。

5.20 伊朗总统选举，现任总统鲁哈尼连任，继续对外融合的路线。

6.1 特朗普总统宣布美国将退出巴黎协定。

7.4 朝鲜发布其成功发射洲际导弹的消息。

7.5 日本与欧盟就经济伙伴关系协定（EPA）取得基本一致。

7.7 联合国通过禁止核武器条约，日本未参加。

9.3 朝鲜实施第 6 次核试验。

9.11 联合国安理会通过对朝鲜的制裁决议。

9.24 德国大选，默克尔率领的执政党维持住了国会第一党地位。

10.12 美国宣布 2018 年底前退出联合国教科文组织。

11.11 除美国以外的 TPP 各成员国基本取得一致。

11.24 埃及发生清真寺被袭击事件，至少305 人死亡。

过世主要名人

1.21 松方弘树　2.3 三浦朱门　2.13 铃木清顺　4.17 渡部升一　5.21 与谢野馨

6.12 大田昌秀　6.13 野际阳子　6.22 小林麻央　7.18 日野原重明　7.24 犬养道子

8.28 羽田孜　10.14 西室泰三　12.8 野村沙知代　12.16 早坂晓

年份	2017 年（平成 29 年）
首相	安倍晋三

<table>
<tr><td rowspan="1">日本国内大事</td><td>

6.15 含有共谋罪内容的改正组织性犯罪处罚法获通过。

6.20 东京都知事小池百合子发表筑地市场转移至丰洲的方针。

7.2 东京都议会选举，自民党经历历史性惨败，"都民第一党"成为议会第一大党。

7.5 东京地区检方以违反劳动基准法为由起诉电通公司。

7.9 冲之岛遗产群登录世界文化遗产名录。

7.28 稻田朋美防卫大臣因 PKO 日报隐瞒问题引咎辞职。

7.31 大阪地检特搜部以涉嫌诈骗补助金为由，逮捕了森友学园的笼池理事长夫妇。

9.1 民进党党首选举，前原诚司当选。

</td><td>

9.13 发现约 598 亿日元年金支付被遗漏。

9.25 小池东京都知事成立"希望之党"。

9.28 希望之党与民进党宣布合并。

10.2 原官房长官枝野幸男成立立宪民主党。

10.5 日裔英国作家石黑一雄获得诺贝尔文学奖。

10.22 自民党获得第 48 届众议院选举大胜。

11.14 文部科学大臣认可加计学园新设的兽医学部。

11.14 小池百合子辞去希望之党党首，玉木雄一郎接任党首。

12.1 皇室会议确认天皇的正式退位日期为 2019 年 4 月 30 日。

</td></tr>
</table>

国外大事	12.6 特朗普总统承认耶路撒冷为以色列首都，在联合国安理会遭到其他常任理事国的批评。 12.21 联合国大会通过决议，要求美国撤回对耶路撒冷为以色列首都的承认。

过世主要名人	

2018 年（平成 30 年）

安倍晋三

日本国内大事

1.22 安倍首相表达修宪意愿。

1.30 宫城县某位女性针对旧优生保护法下的强制不孕手术发起国家赔偿诉讼。

2.9 财务省公布森友学园的谈判记录文件。

3.9 国税厅长官佐川宣寿因森友学园问题辞职。

3.12 财务省承认篡改公文。

4.2 防卫省公布此前宣称不存在的陆上自卫队的伊拉克活动报告。

4.16 防卫省公开伊拉克日报内容。

4.9 黑田东彦续任日本银行总裁。

4.10 加计学园兽医学部问题，爱媛县职员将首相秘书官的发言以"首相案件"之名予以记录，县知事承认此事。

4.18 福田淳一财务次官因对女性记者的性骚扰发言的嫌疑而辞职。

5.6 美式橄榄球日本大学选手在关学大战中实施恶性阻截，引发争议。

5.7 民进党与希望之党组成"国民民主党"。

5.31 大阪地检针对森友问题对财务省干部等 38 人作出"不起诉"的处分。

6.4 财务省公布森友公文书篡改问题的调查结果。

6.13 改正民法获通过，成人年龄降至 18 岁（2022 年正式实施）。

6.18 大阪府北部发生 6 级地震，6 人死亡。

6.30 潜伏基督徒关联遗产登录世界文化遗产名录。

国外大事

1.1 朝鲜宣布装备了洲际导弹系统（ICBM）。

2.2 特朗普总统发布了含有开发小型核武器内容的"核战略调整规划"。

2.9 平昌冬奥会开幕，日本夺得共 13 枚奖牌，取得史上最好成绩。

3.18 俄罗斯总统选举，普京再次连任。

3.22 韩国以受贿嫌疑逮捕前总统李明博。

4.6 韩国前总统朴槿惠被判刑 24 年。

4.14 美英法三国军队发动导弹袭击叙利亚。

4.27 金正恩访韩，为朝鲜领导人历史上首次。

5.26 韩国总统文在寅与朝鲜领导人金正恩再次会谈。

5.14 美国将驻以色列大使馆搬迁至耶路撒冷，巴勒斯坦发生示威游行。

6.12 特朗普与金正恩会谈。

7.17 日欧经济伙伴关系协定（EPA）正式签署。

9.19 韩朝签署共同宣言。

10.2 沙特记者在土耳其的沙特使馆遇害。

10.6 美国中期选举，民主党获得众议院过半数席位。

11.5 美国重启对伊朗制裁。

10.30 韩国最高法院对新日铁住金公司作出向原征用工进行赔偿的判决，后在 11 月对三菱重工作出相同判决。

过世主要名人

1.4 星野仙一　1.21 西部迈　1.26 野中广务　2.10 石牟礼道子　2.20 金子兜太

5.16 西城秀树　6.7 日高六郎　7.13 浅利庆太　8.4 津川雅彦　8.15 樱桃子

9.15 树木希林　9.18 山本 KID 德郁　10.10 佐佐淳行　10.11 仙谷由人

年份	2018 年（平成 30 年）
首相	安倍晋三

日本国内大事

7.6 奥姆真理教教主松本智津夫（又名麻原彰晃）和原干部等 6 名死刑犯被执行死刑。

7.26 另 6 名奥姆真理教原干部被执行死刑。

7.6 九州等地区发生暴雨灾害，共造成 220 人以上死亡，为平成时代最严重暴雨灾害。

7.20 《赌场实施》法获通过。

8.8 冲绳县知事翁长雄志逝世。

9.6 北海道发生 7 级地震，造成大规模停电。

9.16 歌手安室奈美惠宣布引退。

9.25 因有关 LGBT 的文章惹争议，杂志《新潮 45》休刊。

9.30 冲绳县知事选举，反对搬迁边野古的候选人玉城丹尼当选。

10.1 京都大学特别教授本庶佑获得诺贝尔医学生理学奖。

10.6 东京筑地市场停止营业，10 月 11 日丰洲市场开业。

10.25 在叙利亚被囚禁的安田纯平回国。

11.19 东京地检以登记的报酬数字过少嫌疑为由，逮捕日产会长戈恩。

11.22 日产解除戈恩会长的职务。

12.8 改正出入国管理法获通过，扩大接受外国劳工。

12.14 政府开始对边野古沿岸部分的填海作业区投入土砂石。

12.21 东京地检以涉嫌违反公司法为名，再度逮捕戈恩。

国外大事

过世名人

主要

年份	2019 年（平成 31 年）
首相	安倍晋三

日本国内大事

1.7　举行昭和天皇逝世 30 周年的祭典。

2.24　举行天皇在位 30 年纪念仪式。

4.30　平成天皇退位，举行"退位礼正殿之仪"。

5.1　皇太子即位为新天皇。

国外大事

2.1　日欧经济伙伴关系协定（EPA）正式生效。

过世主要名人

1.12 梅原猛　1.31 冈留安则　2.5 堀文子　2.8 堺屋太一

图书在版编目（CIP）数据

平成史 / (日) 保阪正康著；黄立俊译. —上海：
东方出版中心, 2020.12 (2021.5 重印)
　　（胭砚计划）
　　ISBN 978-7-5473-1688-7

　　Ⅰ.①平… Ⅱ.①保… ②黄… Ⅲ.①日本－现代史
－研究 Ⅳ.①K313.5

中国版本图书馆CIP数据核字(2020)第158480号

上海市版权局著作权合同登记：图字09-2020-872号
Heiseishi
by HOSAKA Masayasu
Copyright © HOSAKA Masayasu 2019
All rights reserved.
Originally published in Japan by HEIBONSHA LIMITED, PUBLISHERS, Tokyo
Chinese (in Simplified Chinese character only) translation rights arranged with
HEIBONSHA LIMITED, PUBLISHERS, Japan
through Japan UNI Agency, Inc., Japan

平成史

著　　者　〔日〕保阪正康
译　　者　黄立俊
审　　校　奚　伶
统筹策划　彭毅文
顾　　问　沙青青
责任编辑　肖　月
装帧设计　千巨万工作室

出版发行　东方出版中心
地　　址　上海市仙霞路345号
邮政编码　200336
电　　话　021-62417400
印 刷 者　上海盛通时代印刷有限公司

开　　本　787mm×1092mm 1/32
印　　张　8
字　　数　132千字
版　　次　2020年12月第1版
印　　次　2021年5月第2次印刷
定　　价　58.00元

YY

胭+砚
project

胭砚计划（按出版时间顺序）：

《天命与剑：帝制时代的合法性焦虑》，张明扬著

《送你一颗子弹》，刘瑜著

《暴走军国：近代日本的战争记忆》，沙青青著

《一茶，猫与四季》，小林一茶著，吴菲译

《摩登中华：从帝国到民国》，贾葭著

《说吧，医生1》，吕洛衿著

《说吧，医生2》，吕洛衿著

《我爱问连岳6》，连岳著

《国家根本与皇帝世仆——清代旗人的法律地位》，鹿智钧著

《父母等恩：〈孝慈录〉与明代母服的理念及其实践》，萧琪著

《故事新编》，刘以鬯著

《下周很重要》，连岳著

《亲爱的老爱尔兰》，邱方哲著

《诗人的迟缓》，范晔著

《群山自黄金》，莱奥波尔多·卢贡内斯著，张礼骏译

《我爱问连岳1》，连岳著

《我爱问连岳2》，连岳著

《我爱问连岳3》，连岳著

《我爱问连岳4》，连岳著

《我爱问连岳5》，连岳著

《看得见的与看不见的》，弗雷德里克·巴斯夏著，于海燕译

《平成史》，保阪正康著，黄立俊译
